LIBERDADE DE IMPRENSA

CARLOS RIZZINI

# LIBERDADE DE IMPRENSA

Organização, prefácio e notas
de
Antonio F. Costella

Editora Mantiqueira

Dados Internacionais de Catalogação na Publicação (CIP)
(Câmara Brasileira do Livro, SP, Brasil)

Rizzini, Carlos, 1898-1972.
    Liberdade de imprensa / Carlos Rizzini ;
organização, prefácio e notas Antonio F.
Costella. -- Campos do Jordão, SP : Editora
Mantiqueira, 1998.

    ISBN 85-85681-17-9

    1. Liberdade de imprensa 2. Rizzini, Carlos,
1898-1972 I. Costella, Antonio, 1943-. II. Título.

98-3422                                      CDD-070.401

Índices para catálogo sistemático:

1. Liberdade de imprensa : Jornalismo
   070.401

Capa: A.F.C. com detalhe de pintura (século XIV) de Pedro Serra

1ª edição: 1998

Os direitos deste edição pertencem a
**EDITORA MANTIQUEIRA DE CIÊNCIA E ARTE LTDA.**
Av. Eduardo Moreira da Cruz 295
Campos do Jordão - SP
Brasil
**Endereço para correspondência:**
Caixa postal 12.814
CEP 04010-970 São Paulo - SP
**Telefone:** (011) 287-0734 São Paulo
**Fax:** (011) 251-0234 São Paulo

# PREFÁCIO

Carlos Rizzini em fotografia de 1942

# A RESPEITO DESTE LIVRO
# E
# DA VIDA DE CARLOS RIZZINI

## A BIBLIOGRAFIA

A bibliografia de Carlos Rizzini compõe-se de quatro livros. Dois são bem alentados, muito importantes, pioneiros e, hoje, clássicos: *O jornal, o livro e a tipografia no Brasil* e *Hipólito da Costa e o Correio Braziliense*. Outro, não menos importante, mas desdobrado, sem surpresas, dos dois anteriores, tem por título: *O jornalismo antes da tipografia*. Por fim, há ainda um livro pequeno na extensão, mas vanguardeiro e basilar quanto ao tema tratado: *O ensino do jornalismo*. Podem ser acostadas a essa bibliografia suas três apostilas sobre história da imprensa, que repetem passagens dos livros acima mencionados, e a *plaquette* com seu brilhante discurso de posse na Academia Paulista de Letras.

Cabe-me agora, com incontida satisfação, acrescentar mais um item nessa bibliografia: este livro póstumo.

Já havia lido, relido e trelido, por admiração e inclusive por motivos profissionais de magistério, todas essas obras, quando as comemorações do centenário de nascimento de Carlos Rizzini ofereceram-me o impulso para vasculhar seus discursos e, principalmente, os inúmeros textos publicados em vários periódicos, centenas e centenas, milhares de artigos. Estes, avulsos pela própria natureza, revelam-se desiguais. De altos vôos, alguns. Confinados a assunto menor, inevitável no dia-a-dia jornalístico, outros. Eruditos, muitos. Primorosos no estilo, todos eles.

A aturada leitura de tantos artigos... (Emprego o adjetivo *aturado*, hoje esquecido, por sugestão póstuma do próprio Rizzini, pois era palavra de seu agrado, com freqüência repetida. E aqui ela calha bem e reencontra uma oportunidade de circulação.) Pois bem. Essa *aturada* e proveitosa leitura permitiu-me reencontrar os caminhos intelectuais percorridos por Rizzini, assim como destacar sua ojeriza por certos assuntos e as marcadas preferências por outros. Dentre os temas preferidos, em um deles reside a questão fundamental do jornalismo em todos os tempos: a liberdade.

Li, deliciando-me com a leitura, selecionei e formei, com facilidade, um volumoso pacote de artigos referentes à liberdade de imprensa, cujos textos separaram-se quase espontaneamente em quatro grupos: o de artigos surgidos em momentos de efervescência legislativa, principalmente em 1945, 1956 e 1967; uma conferência proferida no Instituto Histórico de Petrópolis e transcrita em 1950 no *O Jornal*, do Rio de Janeiro; uma moção apresentada à Conferência Interamericana de Imprensa, de 1951; e uma coleção de sete artigos publicados em 1949 sob o título "A liberdade de imprensa no Brasil".

Dos artigos, fui obrigado a fazer, muito a contragosto, uma escolha um tanto radical, para evitar eventuais repetições da mesma abordagem ou matérias limitadas a circunstâncias específicas de local e de momento, cujo interesse para nós o tempo tenha minado. A conferência de 1950 está reproduzida integralmente adiante, inclusive enriquecida com um adendo de outra palestra de 1954, está última jamais impressa. Também está integralmente aproveitada a moção de '51. Quanto à coleção dos sete artigos de 1949, seis deles repetem trechos de *O livro, o jornal e a tipografia no Brasil*, tirados principalmente dos capítulos IV, VIII e X, embora dispostos em nova ordem de apresentação para ressaltar os aspectos envolvidos com a liberdade de imprensa, e, assim, resumem-se a textos já disponíveis em forma de livro.

Em síntese. Para este *LIBERDADE DE IMPRENSA*, foram utilizados os artigos avulsos, a conferência de 1950 e a moção de 1951, e excluídos os sete artigos de 1949.

Em conseqüência, o volume que o leitor segura agora em suas mãos contém, exclusiva e tão somente, textos até hoje inéditos em forma de livro, representando, portanto, uma contribuição nova para a literatura a respeito da imprensa e, ainda que postumamente, também um acréscimo efetivo para a bibliografia de Carlos Rizzini.

## A VIDA

Explicado o livro, passemos ao autor, personalidade rica e complexa, de explicação, portanto, bem mais difícil.

Conheci Carlos Rizzini há mais de quarenta anos, em meados da década de '50. Em 1955, talvez. Eu era um menino de doze anos e ele, uma celebridade. Na época, ignorava a relação dos títulos de seu currículo e o que realmente me impressionou foi sua biblioteca. Imensa! Ingênua, mas certeiramente, conclui logo: um homem que tinha tantos livros em casa não podia ser um sujeito qualquer. E, por coincidência ou porque ele vivesse mesmo no meio dos livros, sempre que ao longo de quase duas décadas tivemos oportunidade de conversar mais longamente, nós o fizemos em sua biblioteca. Como amei os livros desde a infância, esse cenário de lombadas e papel impresso haveria de influir seriamente em minha vida e Rizzini se tornaria, sem o saber, um poderoso estímulo cultural para mim.

Por timidez, nunca cheguei a agradecer-lhe tais influências. Passados vinte anos, dediquei à sua memória um de meus livros, o *Direito da Comunicação*, editado em 1976. Mas ocupou pouco espaço - só duas linhas - essa dedicatória!

Sinto-me em falta, portanto.

Logo após a morte de Carlos Rizzini, em 1972, colhi dados com a intenção de escrever sua biografia. Mil contratempos e ocupações de todo tipo impediram-me de cumprir tal desígnio. Somente agora começo a resgatar meu débito e tenho a sensação de cumprir, enfim, um acerto de contas.

Antes tarde, do que nunca.

Fique, porém, tranqüilo o leitor. Apesar do componente sentimental, serei imparcial e objetivo, e minudente em alguns aspectos, embora minha tarefa se limite a um simples prefácio. Alguma minudência, porém, impor-se-á como necessária, pois múltiplas são as facetas do biografado.

Há vários Carlos Rizzini: o jornalista, o escritor, o educador, o pesquisador, o administrador, o empresário, o político, o historiador, o bibliófilo, o homem comum... Gostaria de focalizar apenas este último, o homem comum, que de comum mesmo, não tinha nada. Rizzini não se satisfazia com o corriqueiro. Uma pequena tira de tecido pré-colombiano, um antigo vaso chinês, a primeira edição de um clássico empolgavam-no até quase ao êxtase. E não eram só as coisas faustosas que o atraíam. De muitos banquetes, até daqueles em que o traje era a casaca, costumava sair com os bolsos recheados de caroços de frutas exóticas porventura servidas aos convidados. Levava-os, como quem carrega sua maior riqueza, e carinhosamente os plantava em seu quintal, mergulhando as mãos no contato íntimo com a terra.

Gostaria, sim, de falar apenas desse Carlos Rizzini meramente humano, a um só tempo simples e complicado, mas os leitores deste livro esperam que eu me ocupe dos outros.

Esses outros, como veremos, desdobram-se basicamente e sempre a partir de um deles: o jornalista.

## OS PRIMEIROS TEMPOS

Carlos de Andrade Rizzini nasceu em Taubaté, em 25 de novembro de 1898, filho de Carlos Maglia Rizzini, italiano naturalizado brasileiro, e Maria Angélica de Moura Andrade Rizzini, de antiga estirpe brasileira. Aos sete anos de idade, morando ainda no vale do Paraíba, mas na cidade de Tremembé, tornou-se coroinha da Igreja do Bom Jesus. Visitava a basílica com freqüência e, aproveitando sua "amizade" com o Santo, pedia a ele que desse "um jeito em sua vida". Afirmava, muito compenetrado:

- Gosto daqui. Mas quero ir além. Quero crescer e ter nome.
O Santo, ao que parece, confirmou sua fama de milagroso e o atendeu. Em 1907 foi enviado para a casa dos tios Aida e Francisco, no Rio de Janeiro onde, conquistando o primeiro lugar no exame de seleção, teve oportunidade de estudar, como bolsista, a escola então mais afamada do País: o Colégio Pedro II. Quanto à faculdade, houve imprevistos. Rizzini, na adolescência, sonhava tornar-se médico. Mas o Santo falhou. Falhou? Anteviu, talvez, que o rapaz apreciaria mais as palavras do que as vísceras. Assim, e também porque precisasse de parte do dia para ganhar a vida, só lhe foi possível estudar na Faculdade de Direito, que lhe tomava o tempo apenas parcialmente.

Embora viesse a se formar em Direito, Rizzini estava vocacionado, mesmo, para o jornalismo.

Sua primeira tentativa no setor foi surpreendente. Tendo pedido emprego em um jornal, o diretor, para testá-lo, solicitou-lhe uma reportagem. Muito animado, dedicou-se integralmente a ela e, no dia seguinte, retornou para apresentá-la. Não encontrou nem o diretor, nem mais ninguém. Soube pelo vizinho que o jornal, falido, acabara de cerrar suas portas.

Foi em *O Jornal* que começou sua atividade jornalística, em 1919, ainda estudante universitário... Mas os pormenores desse início de carreira melhor será deixá-los por conta do próprio Rizzini, que os relata com sua graça usual no artigo ***Remembranças***, publicado em 30 de abril de 1959 no *Diário de São Paulo*:

*"Estreei na imprensa em 1919, no "O Jornal" do Rio de Janeiro, há portanto quarenta anos. Então pertencia o matutino, atualmente, e desde 1926, líder da Cadeia Associada, a Renato de Toledo Lopes. Comecei a trabalhar nele aos 18 anos no posto inicial de repórter de estrada de ferro, graças aos bons ofícios de Valdemiro Postsh junto a Vitorino de Oliveira, secretário da redação. O meu serviço consistia em apanhar notas nas diretorias e*

*secções da Central do Brasil e em registrar os nomes das pessoas que iam e vinham a São Paulo e Rio. Era um trabalho cacete e secundário, um pouco humilhante, esse de perguntar a graça aos viajantes de graúda aparência, certamente muito aquém das inquietas aspirações literárias de um ex-capitão do Colégio Pedro II e membro efetivo da Academia Brasileira dos Novos, onde convivia com Castro e Silva, Atílio Milano, João Castelo Branco, Gomes Leite e José Geraldo Vieira. Rendia-me o emprego 150 mil réis por mês e pedia-me as tardes e as noites, quando não as madrugadas nos plantões de polícia. Como o ordenado era pequeno, embora quarto e pensão custassem apenas 110 mil réis, aumentei-o obtendo um lugar de professor de geografia e história no Liceu Francês. Assim principiei a viver sobre mim exercendo as duas profissões que hoje exerço: o jornalismo e o magistério.*

  *Pouco tempo fiquei na reportagem de estrada de ferro. Logo me firmei como tradutor de revistas francesas e inglesas, cujas publicações eram na época livremente ou, melhor, abusivamente estampadas nos jornais brasileiros, sem que se ouvisse falar em direito autoral. O secretário Vitorino gostava das minhas traduções e por isso fechava os olhos às falhas da reportagem e até consentiu em que eu acumulasse, entrando para a redação do "Rio-Jornal", vespertino dirigido por Georgino Avelino, há dias falecido, e Ivo Arruda. Foi no "Rio-Jornal" que me emplumei na crônica e no comentário assinado, escrevendo sobre teatro e o meio artístico carioca. Quando em 1921 conquistei as divisas de secretário do jornal, havia tarimbado em todos os cargos inferiores e conhecia bem a profissão como, no tempo, era interpretada e praticada."*

Formado em 1922, seguiu no ano imediato para Petrópolis onde dirigiu o *O Comércio* e comprou o *Jornal de Petrópolis*. A par de suas atividades como pequeno empresário jornalístico, empregou naquela cidade seus conhecimentos jurídicos: advogou e foi procurador da Câmara. Fez política, chegando a ser deputado estadual (1927-1930) e elegendo-se vereador (1930). Ao que consta e ninguém desmente, saiu-se bem nessas várias atividades.

Desde então germinava-lhe uma certa tendência à historiografia. Por exemplo. Advogando em uma ação de reconhecimento de paternidade e anulação de testamento, redigiu dezenove páginas a título de razões finais. Nelas, começa invocando o Direito Romano, agrega-lhe em seguida o Cristianismo, enfia-se pela Idade Média com o Direito Canônico, repercute na Revolução Francesa e, ao chegar aos tempos recentes, não descuida do histórico da legislação brasileira. Mais tarde, esse amor pela história, denunciado aqui em mero texto judiciário, haveria de ser um ponto marcante de suas atividades como homem de letras.

Ainda nessa fase, mais precisamente em 1929, apresentou à 3ª Conferência Nacional de Educação, na cidade de São Paulo, umas *Conclusões* nas quais afirmava:

> *"A felicidade humana reside na alegria com que nos desempenhamos dos nossos deveres profissionais e isso só acontece quando elegemos a nossa atividade de acordo com a nossa vocação."*

## NA DIREÇÃO DOS JORNAIS

Rizzini deve ter tomado tais palavras como lema de vida, pois em 1934 desceu de Petrópolis para o Rio de Janeiro e elegeu sua atividade de acordo com sua vocação: enterrou-se no jornalismo, até à medula.

De 1934 a 1938, Rizzini esteve ocupado em secretariar o *Diário da Noite* e, depois, o *O Jornal*, aos quais deu enorme impulso, tanto que em 1938, quando Assis Chateaubriand, seu patrão em ambos, comprou a *Rádio Tupi* do Rio de Janeiro, logo convidou-o para dirigi-la. Rizzini levantou a emissora com surpreendente rapidez. Aí estourou um problema no *Diário de Notícias*, de Porto Alegre, e Chateaubriand enviou-o para lá, em fins de 1939, como diretor. Em cerca de um ano, pouco mais, remodelou tudo, do prédio às máquinas, sem descuidar do material humano e deixou as contas do periódico gaúcho com superávit. Assumiu em seguida, em 1940, a chefia dos *Diários Associados* de São Paulo. Desde esse ano até 1946, estiveram sob seu comando na Capital paulista o *Diário de São Paulo*, o *Diário da Noite*, a *Rádio Tupi* e a *Rádio Difusora*. Nessa fase áurea do rádio, Rizzini traçou as diretrizes para o *Grande jornal falado Tupi* que haveria de se tornar modelo em matéria de jornalismo radiofônico para outras emissoras.

Quando do falecimento de Corifeu de Azevedo Marques, o grande diretor e persistente executor do *Grande jornal falado Tupi*, Rizzini recordou, em artigo intitulado *Corifeu* e publicado no *Diário de S. Paulo* de 31 de agosto de 1965, as linhas mestras por ele adotadas ao delinear o inovador programa:

> *"Em 42, diretor-geral dos Associados paulistas, resolvi, de acordo com o princípio de que é a informação a primeira finalidade da radiodifusão, criar na Tupi um jornal falado de grandes proporções e que na sua estrutura espelhasse o jornal escrito. Um jornal novo, nunca ouvido, dividido em páginas, sistematizado, em que a variedade das vozes representasse a variedade gráfica de títulos e caracteres. Um jornal com manchetes, cabeçalhos, negrito, redondo, grifo, tudo figurado na dicção e na inflexão dos locutores. E, sobretudo, um jornal de larga e impessoal informação. Concebido o plano, quem o executaria? Ora, o Corifeu!"*

A partir de 1946, durante curto afastamento dos *Diários*, Rizzini dirigiu o *Jornal de Notícias* em São Paulo e, paralelamente, ocupou a diretoria do Departamento Estadual de Informações, onde com seu usual pioneirismo promoveu gravações de som e imagem das manifestações folclóricas no interior paulista, outra maneira, aliás, de o sempre jornalista Rizzini fazer suas reportagens.

Mas já em 1948 voltava à casa antiga: assumiu a direção geral dos *Diários Associados*, cargo que o manteve no Rio de Janeiro até 1955. Era o cargo diretivo mais ambicionado do jornalismo brasileiro e ao qual se submetia toda a cadeia *Associada*, que reuniu em 1963 a portentosa coleção de 33 jornais, 15 revistas, 23 rádios e 16 estações de televisão. Uma potência!

Como as duas primeiras emissoras brasileiras de televisão, a *Tupi* de São Paulo e a *Tupi* do Rio, ambas dos *Associados*, iniciaram suas transmissões respectivamente em 1950 e 1951, nunca será possível escrever a história da televisão brasileira sem incluir Rizzini entre seus pioneiros, junto com Assis Chateaubriand, é claro.

Após um desentendimento com o mesmo Chatô em 1955, Rizzini desligou-se dos *Diários Associados* e resolveu aceitar uma tarefa árdua por amor aos novos desafios e porque jornalismo era mesmo o seu *métier*. Voltou para São Paulo com o intuito de reerguer a *Última Hora*, de Samuel Weiner, em situação precaríssima. Conseguiu-o com trabalho duro, mas que lhe pareceu fácil, tanto que, ao mesmo tempo, organizou o jornalismo da *TV Paulista*, *Canal 5*, então de propriedade de Vítor Costa. Também nesse período Rizzini subscreveu, durante o ano de 1958, um coluna nos jornais *Folha da Tarde* e *Folha da Noite*, de São Paulo.

Para enriquecer sua gigantesca cadeia dando-lhe o requinte da tradição, Chateaubriand comprou em 1959 o vetusto *Jornal do Commercio*, do Rio de Janeiro. Fez então um especial apelo a Rizzini a fim de que voltasse para os *Associados* e assumisse a direção do mais que centenário periódico. A essa altura da vida, Rizzini já se sentia integralmente realizado no mundo da imprensa, mas dirigir um periódico fundado no primeiro reinado e carregado

*17*

de décadas e décadas de história, como o *Jornal do Commercio,* pareceu-lhe, e foi mesmo, pois aceitou a incumbência, o coroamento de uma carreira que, em nível de direção, se encerrou afinal em 1961.

Usando uma expressão do vale do Paraíba:
- O Bom Jesus de Tremembé *não negara fogo.*

O menino suplicante fora realmente longe: chegara a ser um todo-poderoso, tanto do papel impresso, quanto das ondas hertzianas.

## O JORNALISTA NO DIA-A-DIA

A esta altura, pode-se colocar uma questão: Carlos Rizzini foi mesmo um jornalista? Ou terá sido mais propriamente um administrador de empresas jornalísticas?

A biografia que até agora esboçamos nos conduz a esta dúvida porque, ocupada com os passos ruidosos e vibrantes do administrador, ela deixou em segundo plano o silencioso trabalho do homem de pena. No entanto, mesmo nos momentos de intensa atividade administrativa, Rizzini nunca abandonou a obrigação, que lhe foi muito grata sempre, de escrever artigos. Escreveu-os durante cinco décadas, tanto nos anos de direção administrativa, quanto depois de afastar-se dela. Mesmo quando, por exemplo, a *TV Paulista* o assoberbava com a implantação da nova linguagem jornalística, isto é, a linguagem do jornal televisivo, ele escreveu diariamente a colaboração antes mencionada para o grupo *Folhas.* Muito antes, no *Diário da Noite,* sob o pseudônimo de Dorotéu, soltara chispas na coluna denominada "Busca-pé". Outrora, no jornalismo de Petrópolis, por igual marcara presença. Zig-zagueando no tempo, o reencontramos como colunista no *Jornal do Commercio* do Rio, só que em respeito à senectude do periódico, o texto haveria de ser comportado, a começar pelo título: "Várias". Depois de afastar-se das atividades administrativas e até o final da década de '60, continuou a assinar sua coluna no *Diário de S. Paulo.* Ele sempre escreveu artigos, portanto. Diuturnamente. Durante toda a sua vida.

De seu amor à atividade de escrever posso ser testemunha eu mesmo.

De 1961 até 1965, durante a administração de Prestes Maia, Carlos Rizzini foi Secretário de Educação e Cultura da Prefeitura de São Paulo. Tornei-me seu oficial de gabinete em 1963 e durante dois anos testemunhei um mesmo e invariável ritual.

Rizzini chegava à Secretaria antes do expediente da tarde, à hora do almoço, e punha-se a escrever seu artigo para o *Diário de S. Paulo*. Lembro-me bem da cena. Estávamos no Parque do Ibirapuera, no segundo pavimento do prédio que naquele tempo sediava o gabinete do prefeito. Na sala do secretário de educação via-se, à esquerda de quem entrava, uma escrivaninha solene, de madeira escura artisticamente trabalhada, e, à direita, um terno de estofados em couro. Ao fundo, em paralelo a uma parede toda de vidro, estendia-se uma longa mesa de reuniões. Para além dos vidros, antiquíssimas jaboticabeiras, replantadas ali adultas, davam sombra e frescor, recortando o verde ensolarado dos gramados. Rizzini, que jamais usara a escrivaninha, sentava-se à cabeceira da mesa de reuniões e, logo ao chegar, apanhava uma certa quantidade de folhas de papel-jornal e, no mínimo, dois ou três lápis, com pontas previamente afiadas pela secretária. Com esse equipamento de antiguidade medida a séculos, punha-se a redigir. Quando errava, apagava cuidadosamente a palavra não desejada com uma borracha que esqueci de mencionar antes. Desconfio que, ao chegar, já vinha com o assunto mentalmente ruminado, pois terminava rápido o trabalho de redação e logo passava o texto para a secretária datilografar. Às vezes, ainda conversava um pouco sobre o tema do artigo comigo e com Fernando Góes, o jornalista e inigualável cronista, então chefe de gabinete, do qual me tornei amigo e a quem estou devendo um acerto de contas biográfico como este. Só então, depois de cumprir sua obrigação com o jornalismo-nosso-de-cada-dia, começava a exercer a função de Secretário.

Jornalista ele foi, portanto, em toda a extensão da palavra, integralmente. Até o fundo da alma.

# O ESCRITOR

Não é, pois, de surpreender que também seus livros tenham versado somente sobre o jornalismo.

Sua obra *O livro, o jornal e a tipografia no Brasil* é hoje um clássico. Publicada em 1946 pela Editora Kosmos e reeditada, em 1988, pela Imprensa Oficial do Estado de São Paulo, faz uma minuciosa descrição das formas de comunicação desde os tempos da oralidade, passa para o universo da escrita, chega à letra de forma e, de modo sutil, transita dos novidadeiros e das gazetas manuscritas ao jornal impresso; ocupa-se, ainda, com a circulação das informações no Brasil desde os primórdios da colonização até o primeiro reinado. Ninguém, absolutamente ninguém, pode escrever sobre a história da imprensa no Brasil sem se reportar a esse livro. (Incluo-me nesse *ninguém*. Meus livros *O Controle da Informação no Brasil* e *Comunicação do Grito ao Satélite* beneficiaram-se grandemente de pesquisa feita na obra de Rizzini.)

Outro livro importantíssimo de Carlos Rizzini foi publicado em 1957, na "Coleção Brasiliana", pela Companhia Editora Nacional. Trata-se do *Hipólito da Costa e o Correio Braziliense*. Essa alentada obra prima de estilo e de pesquisa, além de biografar Hipólito da Costa, o sul-americano exilado que se tornou o precursor de nosso jornalismo, descerra uma sensível e profunda análise de toda a imprensa da época que antecede a Independência do Brasil.

Ambos os livros revelam notável erudição, resultante de trabalhosas pesquisas, mas têm suas páginas alimentadas, acima de tudo, pela paixão de um homem por seu ofício, no caso o jornalismo. Paixão que, inclusive, levou Rizzini a realizar buscas além-mar, chegando ao cúmulo de localizar, dentre seus contemporâneos, os descendentes ingleses, então vivos, de Hipólito da Costa.

As duas obras, revisitadas pelo seu *O Jornalismo antes da tipografia*, editado pela Companhia Editora Nacional em 1968 e por ela reeditado em 1977, apresentam a história universal e brasileira sob a óptica do periodismo, o que permitiu ao autor mostrar os fatos históricos sob um ângulo novo e estimulante.

## O BIBLIÓFILO

Os livros de Carlos Rizzini não se notabilizaram apenas pelo conteúdo e pelo estilo. Sua finura gráfica denuncia, no autor, o bibliófilo requintado. Principalmente em *O Livro, o Jornal e a Tipografia no Brasil*, cada capítulo é aberto por uma capitular resgatada em algum antiquíssimo códice. Os textos se espelham nas ilustrações coletadas em épocas e longitudes as mais diversas. Há toda uma ourivesaria de figuras que conduz ao deleite e, considerando-se as condições de coleta de imagens daquele tempo, causa espanto. Fico pensando: quantas viagens, quantas horas de pesquisa, quantos esforços materiais foram necessários para arrebanhar tantas dezenas de gravuras, especialmente nas décadas de '40 e de '50 quando as técnicas de reprodução eram tão incipientes, e submetê-las à reprodução do clichê?

## O EDUCADOR

Se a inspiração dos livros de Carlos Rizzini foi dada pelo jornalismo, nada mais natural que o mesmo jornalismo transbordasse também para o seu lado de educador. Quando Diretor do Serviço de Radiodifusão Educativa do Ministério de Educação e Cultura (1952/1953), retomou o sonho de Roquete Pinto e instituiu na *Rádio Ministério*, o *Colégio do Ar*, que transmitiu 15 disciplinas a alguns milhares de alunos por meio das ondas eletromagnéticas.

Na mesma época, a partir de 1951, Rizzini começou a lecionar no curso de jornalismo da Faculdade Nacional de Filosofia da Universidade do Brasil. Depois, em São Paulo, assumiu em 1960 as aulas de "História da Imprensa" na Faculdade de Comunicação Social "Cásper Líbero", da qual tornou-se diretor dois anos depois. Em sua gestão, ao mesmo tempo em que contratava mestres de grande envergadura intelectual, como José Geraldo Vieira, Nilo Scalzo, José Freitas Nobre e outros, incentivava a introdução de aulas eminentemente práticas nas disciplinas técnicas, encartando inclusive o jornal laboratório *A Imprensa*, da Faculdade, no vespertino *A Gazeta*, de grande circulação àquele tempo.

Na "Cásper Líbero", Rizzini realizou na prática o programa educacional que já detalhara em seu livro *O ensino do jornalismo*, publicado em 1953 pela Imprensa Nacional. As idéias ali expostas foram o resultado de reflexões maduras a respeito de sua própria experiência profissional e de subsídios colhidos em várias viagens ao exterior, em especial aos Estados Unidos, onde o ensino do jornalismo se iniciara cedo, junto com o próprio século vinte.

O modelo de ensino de jornalismo plantado por Carlos Rizzini deu frutos muito além do seu quintal. Não há nenhum exagero em afirmar que ele serviu de inspiração para novas instituições em várias partes do País, pelo menos em Porto Alegre, Pernambuco e Brasília. Tal fato é atestado por José Marques de Melo, que foi diretor da Escola de Comunicações e Artes da Universidade de São Paulo, em artigo publicado pela revista *Imprensa* de março de 1998, no qual ainda completa: *"A própria USP inspira-se nas lições de Rizzini quando decide criar a sua inovadora Escola de Comunicações Culturais"*, hoje Escola de Comunicações e Artes.

Tendo transferido o cargo de diretor em 7 de junho de 1966, pediu exoneração da função de professor em reunião de congregação de 20 de fevereiro de 1967. O órgão colegiado não aceitou o pedido e convenceu-o a convertê-lo em licença por um ano. Aceitou a conversão por mero gesto de cortesia, pois jamais voltaria a lecionar. (Assisti a esse episódio, porque na mesma reunião foi aprovado meu nome para substituir Freitas Nobre na disciplina "Legislação dos Meios de Comunicação". Três anos mais tarde, muito honrado, vim a assumir as aulas de história que haviam sido de Carlos Rizzini.)

Depois, por incumbência recebida de José Marques de Mello, tentei atrai-lo para a Escola de Comunicações da USP. Aulas já lhe seriam cansativas, explicou-me. Aceitou, porém, fazer apenas uma palestra para os alunos da ECA. Fui buscá-lo em seu apartamento, nas Perdizes, com o meu carro e, enquanto nos deslocávamos até a Cidade Universitária, tentei de novo, sem êxito porém, interessá-lo em dar aulas na USP.

## A ROSA E O LIVRO

    Passado algum tempo, visitei-o. Como sempre, conversamos na biblioteca. Ali, em meio aos livros, contou-me que agora só lia memórias. Nada mais. E pôs-se a discorrer a respeito dos encantos da *petite histoire*, da graça que as intrigas de bastidores conferem aos grandes feitos da História com *h* maiúsculo, de como as indiscrições registradas pela pena descontraída dos memorialistas podem ser mais elucidativas que volumosos e sisudos tratados.

    Percebi logo: ele continuava a ser essencialmente um jornalista. Com suas leituras, estava fazendo nos bastidores da história - e agora só para ele mesmo - reportagens de forte conteúdo emocional.

    E assim se passaram mais alguns anos.

    Depois, em uma das vezes que visitei seu túmulo em Tremembé...

    Sim, Tremembé, cidade vizinha de Taubaté. Rizzini, no fim da vida, retornara a suas origens valeparaibanas. Não era mais o menino ingênuo. Voltara maduro, carregado de glórias, gasto pelo tempo, um pouco cético, agnóstico até, mas realizado. Comprou uma casa imensa, que fora convento, bem ao lado da igreja do seu amigo de outrora, o Bom Jesus, e em meio aos livros envelheceu mais um pouco. E morreu. Em 19 de julho de 1972.

    Sobre o túmulo de granito preto no cemitério municipal de Tremembé vê-se, em bronze, seu "ex-libris": uma rosa obliquamente sobreposta a um livro. Representa a beleza completando a sabedoria. Essa imagem recorda-me um trecho do seu discurso de posse à cadeira nº 31 da Academia Paulista de Letras que, em 28 de janeiro de 1965, eu o vi ler, muito senhor de si e encasacado, como então mandava o figurino acadêmico:

*"Os homens de letras, uns são apaixonados da beleza e outros da verdade; uns lidam com a imaginação, o estro, a forma, e outros com os fatos, a dedução, o conceito".*

Estou convencido de que Carlos Rizzini fez melhor. Conseguiu juntar, não só no bronze de seu túmulo, mas também ao longo da vida essas duas insignes paixões: a da beleza e a da verdade.

## UMA DEDICATÓRIA

Ao concluir o período acima, pareceu-me ter cumprido esta empreitada e, na medida de minhas limitações, ter amortizado, com este prefácio e por enquanto, o acerto de contas com Carlos Rizzini. Vai daí, porém, que uma nova conta surgiu.

Este é um livro póstumo. E ele só se tornou possível porque Dona Áurea, viúva de Rizzini, guardou com zelo e carinho todos os textos de seu falecido marido. O mesmo zelo, atento, com o qual já auxiliara Rizzini nas pesquisas e no tratamento gráfico de seus livros e o mesmo carinho, sempre terno, com o qual colecionou e arquivou, organizadamente, todos os seus artigos. Se os textos que vamos ler adiante foram escritos por Carlos Rizzini, não é menos verdade que esses mesmos textos são todos, de algum modo, devedores a Dona Áurea. No mínimo, por sua preservação.

Desse modo, ao organizar este livro, torno-me de novo devedor.

Tomo, portanto, a liberdade de, resgatando parte da nova conta, dedicar este livro, até e também em nome de Carlos Rizzini, à Sra. Áurea Ferreira Rizzini.

**Antonio F. Costella**

# RESUMO BIOGRÁFICO
## CARLOS DE ANDRADE RIZZINI

Nascimento: Taubaté, 25 de novembro de 1898
Falecimento: Tremembé, 19 de julho de 1972

**Formação**

Curso secundário: Colégio Pedro II, Rio de Janeiro
Curso Superior: Curso de Ciências Jurídicas e Sociais da Faculdade de Direito do Rio de Janeiro

**Jornalismo**

Reporter do *O Jornal* e do *Rio Jornal*, 1919-1921, Rio Janeiro
Redator e redator-chefe da *Boa Noite*, 1921-1922, Rio Janeiro
Diretor do *O Comércio* e do *Jornal de Petrópolis*, 1923-1934, Petrópolis
Secretário do *Diário da Noite* e do *O Jornal*, 1934-1938, R.Janeiro
Diretor da *Rádio Tupi*, 1938, Rio de Janeiro
Diretor do *Diário de Notícias*, 1939, Porto Alegre
Diretor dos *Diários Associados* de São Paulo (*Diário de São Paulo*, *Diário da Noite*, *Rádio Tupi* e *Rádio Difusora*), 1940-1946
Diretor Geral dos *Diários Associados* do R. Janeiro, 1946-1947
Diretor do *Jornal de Notícias*, 1947-1948, São Paulo
Diretor Geral dos *Diários Associados*, 1948-1955, Rio de Janeiro
Diretor da *Última Hora*, 1955-1958, São Paulo
Colaborador diário das *Folhas*, 1958, São Paulo
Diretor do *Jornal do Commércio*, 1959-1961, Rio de Janeiro
Colaborador do *Diário de São Paulo*, 1959-1969
Presidente do Sindicato de Proprietários de Jornais e Revistas de São Paulo, 1943-1945
Presidente do Sindicato dos Proprietários de Jornais e Revistas do Rio de Janeiro, 1952-1953
Presidente do Clube de Jornais de São Paulo, 1943-1963

**Política**

Deputado estadual no Estado do Rio de Janeiro, 1927-1930
Vereador à Câmara Municipal de Petrópolis, 1930

## Cargos Públicos
Advogado da Câmara Municipal de Petrópolis, 1925-1927
Diretor do Departamento Estadual de Informações, São Paulo, 1947
Diretor do Serviço de Radiodifusão Educativa do Ministério de
Educação e Cultura, 1952-1953
Secretário de Educação e Cultura, Prefeitura de S.Paulo,1961-1965

## Magistério
Professor do Curso de Jornalismo da Faculdade Nacional de
Filosofia da Universidade do Brasil, 1951-1961
Professor da Faculdade de Jornalismo "Cásper Líbero", 1962-1966
Diretor da Faculdade de Jornalismo "Cásper Líbero", 1962-1966

## Livros Publicados
*O livro, o jornal e a tipografia no Brasil*, 1946
*O ensino do jornalismo*, 1953
*Hipólito da Costa e o Correio Braziliense*, 1957
*O jornalismo antes da tipografia*, 1968
*Liberdade de imprensa*, edição póstuma, 1998

## Associações
Academia Paulista de Letras
Instituto Histórico e Geográfico Brasileiro
Instituto Histórico e Geográfico de São Paulo
Pen Clube de São Paulo
Instituto Histórico de Petrópolis

## Condecorações
Comendador da República da Itália
Gravata Especial da Estrela Brilhante da República da China

## Medalhas
Rui Barbosa, Medalha de Guerra, Atlântico Sul, Instituto Histórico de Petrópolis, Hahnemaniane, Sindicato do Jornalistas Profissionais do R.Janeiro, Imperatriz Leopoldina, Pirajá da Silva, D. João VI, Instituto Histórico e Geográfico Brasileiro, Cidadão Carioca, Museu da República, Colégio Internacional dos Cirurgiões, Cândido Rondon, Monteiro Lobato, Gaspar Viana, Benito Juarez, Sindicato Jornalistas Profissionais de S. Paulo, Amigo do Livro, Patriarca, Mérito Jornalístico APISP, Cavaleiros de S. Paulo e Pen Clube.

# LIBERDADE DE IMPRENSA

**"Dorme o censor! S.Paulo 1942 ou 43"**

*Eis a legenda que Carlos Rizzini escreveu, de próprio punho, no verso desta foto de sua coleção que retrata um censor comodamente adormecido na redação do jornal que lhe incumbia censurar. A soneca eventual do censor não diminuía, porém, a rigidez da censura do Estado Novo.*

# POR UMA LIBERDADE DE IMPRENSA RACIONAL, RESPONSÁVEL E PROTEGIDA

*Conferência proferida por Carlos Rizzini no Instituto Histórico de Petrópolis, em sessão presidida pelo Presidente da República, General Eurico Gaspar Dutra, e publicada em 12 de fevereiro de 1950 em* **O Jornal**, *do Rio de Janeiro.*

*Aqui, Rizzini nos oferece um portentoso estudo dos princípios que embasam a liberdade de imprensa, bem como de sua evolução histórica.*

1 - Talvez este ilustre auditório não esperasse ouvir de um antigo plumitivo, há anos diretor de jornais no Rio e em São Paulo, Presidente do Club dos Diretores de Jornais de São Paulo, autor de uma história do livro, do jornal e da tipografia, obra que tem ao menos o mérito de ser a única no seu gênero, no Brasil, a declaração de que é contrário à liberdade de imprensa, tal qual a pregoam os modernos demagogos.

Divirjo dos extremistas da esquerda, que a reclamam para lançá-la contra as instituições vigentes, como fariam e chegaram a fazer com o voto, a greve e o comício; e divirjo dos extremistas da direita, sob qualquer dos seus conhecidos disfarces, que a desejam para atrair e trair o povo, dentro do torvo desígnio de se substituírem às mesmas instituições.

Sou, assim, pela liberdade relativa, da imprensa e de tudo o mais. Nem concebo liberdades absolutas.

A algazarra dos inimigos da democracia, todas as vezes em que debalde se tem procurado remediar os abusos da imprensa, levaram o povo ao equívoco de incluir a liberdade de manifestação do pensamento escrito, seja pela notícia seja pelo comentário, no rol das conquistas políticas de nosso tempo, quando, na realidade, ela surgiu alumiando e aquecendo a humanidade, no ocaso do século XVII. O que sobreveio nos séculos posteriores, aparentando estar ela ainda por conquistar ou, quando conquistada, viver em estado de insegurança, é a sua freqüente violentação nos países de formação política insipiente, ou submersos no pélago dos despotismos. Mas, aí então, abatidas e desonradas, sucumbem todas as outras liberdades.

## O CONCEITO DE MIRABEAU

2 - Em nenhuma época, nem mesmo na da Revolução Francesa, prevaleceu o conceito da liberdade absoluta de escrever. Só a infrene demagogia dos nossos dias adotaria semelhante despautério. Após a avalanche de periódicos e folhetos, conseqüente à queda do poder absoluto e instalação dos Estados Gerais, na França, todos eles celebrando a libertação do pensamento e querendo-o sem peias, a Assembléia Constituinte condicionou-o sensatamente em agosto de 89. Ninguém seria inquietado por suas opiniões, desde que, manifestando-as, não perturbasse a ordem pública estabelecida pela lei. Qualquer cidadão poderia falar, escrever e imprimir livremente, respondendo, todavia, pelo abuso dessa liberdade nos casos determinados pela lei.

Coube a Mirabeau, que antes se batera pela liberdade a mais inviolável e a mais ilimitada, colocar o problema nos seus definidos e definitivos termos, quando fixou a diferença entre restringir e reprimir. A liberdade de imprensa não devia ser restringida, mas os seus abusos deveriam ser reprimidos.

E este é o seu verdadeiro e permanente conceito. Está no interesse da própria liberdade de imprensa, que a lei a proteja contra os seus excessos e desvios. Infelizmente essa proteção tem sido frágil e enganosa, melhor valendo para acobertá-los do que para reprimi-los. A condescendência ou a cumplicidade dos legisladores levou-os sempre, sob o pretexto de não ferir a liberdade de imprensa, a afrouxar-lhe as sucessivas regulamentações, ainda mais relaxadas pelos tribunais encarregados da sua aplicação. Desse modo, ela tem sido mais nociva do que podia ou devia ser, e por si mesma tem muitas vezes concorrido para os eclipses em que, de quando em quando, a apagam as recaídas absolutistas.

## MILTON E LOCKE

3 - Atingindo o livre-exame, na Inglaterra, após a revolução de 1648, a um ponto em que se negaria se se não se manifestasse livremente, confluíram vozes exigindo a pronta derrogação dos entraves à impressão e circulação da palavra escrita. Delas, a mais bela e sonora foi, por certo, a de Milton, na "Areopagítica", defendendo o direito de imprimir independentemente de licença.

Quem mata um homem - clamava o excelso poeta - mata uma criatura racional, imagem de Deus, mas quem destrói um bom livro, mata a razão mesma, mata a imagem de Deus, como nós a concebemos.

Contudo não foi pela janela florida da poesia e nem pela severa porta da filosofia que a liberdade de exteriorização do pensamento penetrou na Inglaterra seiscentista, já então preparada para recebê-la e respeitá-la. Meros motivos de circunstância constantes de um arrazoado de Locke, motivos fiscais e administrativos, e especialmente o da concorrência das gazetas da Holanda, é que induziram os Comuns, em 1695, a deixar morrer sem prorrogação o "Licensing Act". Com um voto negativo e mudo aniquilaram a censura prévia e o arbítrio das permissões, tomando uma medida que fez mais pela civilização do que a Magna Carta e o "bill" de direitos. Nenhuma conclusão, na Câmara temporária dos Lordes sobre a vantagem ou a desvantagem da liberdade de imprimir. Nenhum raciocínio alto. Nenhuma reflexão política ou social. "Eis os argumentos que conseguiram o que não conseguira a Areopagítica de Milton" - deplorou Maculay. De resto, o acontecimento passou despercebido do público. Os periódicos do tempo nem o registraram. Os seus efeitos não foram, por isso, menos fecundos. "Desde essa época até os nossos dias - observou o mesmo famoso autor - a história dos jornais forma a parte mais importante e instrutiva da história da Inglaterra.

## A CONTRIBUIÇÃO DE POMBAL

4 - Cem anos gastou a liberdade de imprensa para atravessar a Mancha. E mais cinco lustros para ancorar no Tejo. Já três gerações se haviam arejado no Reino Unido, com as letras soltas e francas de Defoe, Swift, Steele e Addison, e ainda o espírito francês, úmido das páginas oficiosas dos periódicos autorizados, enxugava-se pelas frestas das "nouvelles-à-la-main", das gazetas clandestinas e, notadamente, dos impressos contrabandeados da Holanda e da Inglaterra. "Cerquem as fronteiras de soldados - dizia Diderot - armem-nos de baionetas para que repilam os livros perigosos, e esses livros passarão pelas pernas dos soldados, saltarão por cima de suas cabeças e chegarão até nós."

Mas a liberdade de expor o pensamento, de faze-lo circular, não é uma dádiva ou uma regalia. Ou um mimo. É antes o fruto de determinado estado social. A Inglaterra colheu-o em 1695. A França em 1789. Portugal não poderia colhê-lo antes da Revolução do Porto, bomba retardada, cujo estopim se acendera no lume da Revolução Francesa. Estopim que não teria ardido e nem teria como alcançar a chama original, se vários fatores encadeados não encurtassem as distâncias morais e espirituais - e também materiais - que separavam Portugal das nações vanguardeiras da Europa.

Entre tais fatores figuram, como é sabido, o decaimento do Santo Oficio; o crescente número de portugueses educados na França e na Inglaterra; o trabalho subterrâneo dos pedreiros livres; o amortecimento da censura literária ante o prestígio de autores como Voltaire, Montesquieu, Diderot, Descartes, Mably, Condillac, Raynal e Goldsmith; o contrabando de livros e jornais; a invasão napoleônica na península; a fuga da Corte para o Rio de Janeiro; e a fundação em Londres, em 1808, pelo brasileiro Hipólito da Costa, da imprensa política portuguesa. O "Correio Braziliense", editado regularmente, cada mês, durante quatorze anos e meio, ora tolerado e ora perseguido em Portugal e no Brasil, representou papel fundamental na formação das instituições democráticas do mundo lusitano.

Nenhum dos citados fatores teve, porém, a importância da reforma dos estudos empreendida pelo Marquês de Pombal, a partir de 1759, doze anos depois da publicação do célebre libelo do oratoriano Luiz Verney contra o monopólio pelos jesuitas do ensino médio e superior de Portugal. As universidade de Coimbra e de Évora andavam então atrasadas de duzentos anos em relação à cultura européia contemporânea. Basta dizer que os trabalhos de Galileu e de Harvey, no campo experimental, e os de Bacon, Descartes, Grotius e Hobbes, no especulativo, ainda não haviam conseguido transpor-lhes os umbrais. Em compensação, nos seus cursos teológicos, a subtilização da vulgaridade ia a ponto de discutir-se se seria branco ou vermelho o barro de que Adão fora feito.

Reformando os estudos, Pombal, não somente atualizou as disciplinas de Coimbra, segundo o plano elaborado por uma comissão de que participaram dois brasileiros ilustres, o reitor Francisco Lemos de Faria Pereira Coutinho e seu irmão João Pereira Ramos de Azeredo, como criou a instrução primária e secundária, leiga, pública e gratuita. Tais inovações, comentou Latino Coelho, "lançavam os cimentos de uma nova civilização e deixavam antever que as trevas da ignorância ou da escolástica seriam em breve alumiadas pela moderna ciência, que, para além dos Pirineus, vinha sendo a aurora precursora da época presente". No juízo de Ruy Barbosa nada coloca Pombal mais indisputavelmente "entre os grandes reformadores sociais do que a sua reorganização do ensino".

Proclamada em 1820, a liberdade de imprensa teve sempre vida aflitiva na grande e generosa pátria portuguesa. Reputada até o movimento vintista imprópria, por superior, à cultura mental e política do povo, tornou-se depois imprópria, por inferior, ao interesse dos governos nascidos do arbítrio e nutridos da força. Já em 1822 era ela cassada, em 1826 restabelecida, suprimida no miguelismo, e em 1834 restaurada. Espezinhou-a Costa Cabral e reergueu-a Barjona de Freitas, flutuando daí avante sem jamais fixar-se. Nos dias que correm, está constitucionalmente proscrita. Considerada "pão espiritual do povo", vive sob fiscalização "como todos os alimentos".

A TENTATIVA PERNAMBUCANA

5 - Os portugueses da América, que então éramos, tentaram antecipar-se aos da Europa na conquista da liberdade de imprensa. A Constituição da efêmera e infeliz República Pernambucana de 1817, declarava no seu artigo 25: "A liberdade de imprensa é proclamada, ficando porém o autor de qualquer obra e seus impressos sujeitos a responder pelos ataques à religião, à Constituição, aos bons costumes e caráter dos indivíduos, na maneira determinada pelas leis em vigor". Note-se a prudência com que o legislador pernambucano, precursor e fugaz, evitou a liberdade ilimitada e irresponsável.

Em 1817 o Brasil possuía apenas três tipografias: a do Rio, aberta em 1808 e de propriedade do governo, a da Bahia, instalada em 1811 e pertencente a Manuel Antonio da Silva Serva, protegido do Conde d'Arcos, e a do Recife, importada em 1815 por um Rodrigo Catanho, mas só usada na atoarda de 17. Excetuados os dois periódicos áulicos, o do Rio e o de Salvador, não corriam jornais na Colônia. Nem livros. Os raros que se viam, vindos de fora, ou chegavam pela mão do Ministério ou penetravam à capucha.

A sátira verbal, o pasquim nos muros e a cópia manuscrita constituíam, ainda nos começos do século XIX, os nossos modos de contar as novidades e de falar mal dos inimigos e dos governos. Com ferramentas tão toscas preparamos, todavia, duas frustras revoluções, a de Minas e a da Bahia, e compusemos duas obras primas: a coleção de libelos rimados de Gregório de Matos e as "Cartas Chilenas" de Gonzaga.

# EXTINÇÃO DA CENSURA NO BRASIL

6 - Dado o sangrento fracasso do movimento pernambucano, é nas Bases da Constitutição, aprovadas pelas Côrtes de Lisboa em 1821, que se encontra a fonte jurídica da liberdade de imprensa em Portugal e no Brasil. Dizia o seu artigo 8º, votado na reunião de 15 de fevereiro: "A livre comunicação do pensamento é um dos mais preciosos direitos do homem. Todo cidadão pode, consequentemente, sem dependência da censura prévia, manifestar suas opiniões em qualquer matéria, contanto que haja de responder pelo abuso desta liberdade nos casos e na forma que a lei determinar".

O texto, como se vê, é quase o da "Declaração dos direitos do homem". Liberdade irrestrita mas de excessos reprimidos, como entendia Mirabeau. Liberdade racional, responsável e protegida.

Antes de votadas as Bases em Lisboa e de conhecidas no Brasil, houve passos incertos lá e cá em favor da libertação da palavra escrita. O governo interino da Metrópole resolveu "facilitar a impressão e leitura dos bons livros e papéis... dentro de uma bem entendida liberdade civil". E o governo do Rio de Janeiro transferiu a censura prévia, dos originais para as provas tipográficas, o que era o mesmo que nada.

Juradas no Rio as Bases da Constituição, não aguardou o Príncipe Regente a lei regulamentadora da recente liberdade de imprensa. Declarou inteiramente livre a manifestação do pensamento, mandando, pelo Aviso de 28 de agosto de 1821, que se não embaraçasse, sob pretexto algum, a impressão de qualquer escrito.

Extinguiu-se assim, de chofre, a censura prévia no Brasil. Nunca mais dela se teve notícia, nem no primeiro reinado, nem na Regência, nem no segundo reinado. Reapareceu, para vergonha nossa, nas humilhantes síncopes democráticas da República.

# PRIMEIRA LEI DE IMPRENSA

7 - Abolindo a censura prévia, isto é, tornando irrestrita a manifestação do pensamento, D. Pedro pôs de lado a lição dos franceses e das Cortes de Lisboa e desprezou a repressão dos abusos. Adotou a liberdade absoluta. Os maus efeitos dessa imprudência não se fizeram esperar. Formigaram incontinenti as verrinas impressas e anônimas. Alarmada a Junta da Tipografia Nacional, invadindo a real órbita, exigiu a declaração da autoria nos escritos com firma reconhecida.

Chamado à razão, o Regente, que era um democrata convencional, retrocedeu; proibiu o anonimato e, indo às do cabo, confiscou o folheto "Heroicidade Brasileira", por suas falsidades. Segundo erro igualmente funesto. Muito pouco valeria uma liberdade desonrada no seu quinto mês de vida. José Bonifácio, empossando-se do Ministério do Reino, apressou-se em socorrê-la. Restaurou-a e, impensadamente, readmitiu o anonimato. Terceiro erro não menos funesto. Entregue a si mesma, a liberdade degenerou em licença. E tanto subiram os seus excessos que o Senado da Câmara pediu ao governo houvesse por bem regulamentá-la.

8 - Produto exótico da luta da nossa Regência com as Cortes de Lisboa, formou-se então no Rio o Conselho de Estado, espécie de câmara legislativa, presidida pelo Príncipe e composta dos ministros e de apenas 5 procuradores provinciais, dois mineiros, dois fluminenses e um cisplatino. Coube-lhe organizar a nossa primeira lei de imprensa. Redigida, ao que parece, por José Bonifácio, proibia o anonimato e definia como delitos apenas os abusos contra o Estado, isto é, a divulgação de "doutrinas incendiárias e subversivas e princípios desorganizadores e

detestáveis", sem referência aos abusos contra a religião, os indivíduos e os bons costumes. O julgamento dos delitos competia ao juri, instituto que nessa hora ingressou na vida judiciária do país.

A regulamentação do Conselho é de 18 de junho de 1822. E já no mês seguinte era posta à prova com o processo movido pelo próprio governo ao redator do "Correio do Rio de Janeiro", o português João Soares Lisboa, certamente o melhor jornalista do tempo. O resultado foi o que se imagina: o réu saiu absolvido, voltando à pena e ao ataque. Democrata sincero, opôs-se tenazmente a José Bonifácio, cuja decisão de resguardar a integridade nacional, detendo as noveis e tenras instituições sob o manto da monarquia, não respeitava leis nem tribunais. Soares Lisboa sofreu o exílio e cadeia, de nada lhe valendo a liberdade de imprensa. Em 1824, impenitente e rebelado, foi morrer nas hostes de Manoel de Carvalho, ao lado de frei Caneca, ferido de uma palanqueta na emboscada de Couro d'Anta.

## REGÊNCIA E SEGUNDO REINADO

9 - A desmoralizada regulamentação do Conselho de Estado durou dezessete meses, sendo substituída pelo projeto não ultimado da Constituinte dissolvida em 1823. Redigido pelos deputados Silva Maia e Rodrigues de Carvalho, conformava-se esse projeto com o modelo clássico, capitulava em nove itens os delitos e atribuia o seu julgamento, não a um, mas a dois juris, o que ainda mais estorvou o já atado e complacente instrumento repressivo.

A Constituição outorgada de 1824 manteve a situação existente e como não se elaborasse a lei regulamentadora, nela prevista, permaneceu em vigor a anterior, até a sanção do Código Criminal de 1830.

## NA REPÚBLICA

10 - Aos próprios revisores dessa grande lei, que vigiu durante sessenta anos, atravessando as Regências e todo o Segundo Reinado, só desaparecendo no limiar da República; aos seus próprios revisores causou espécie a capitulação dos delitos de imprensa num código de delitos comuns. Renderam-se ao receio de que uma lei especial demorasse e fugisse aos princípios gerais inspiradores do Código.

Proclamada a República, o governo provisório decretou um novo Código Penal, no qual também foram incluídos os delitos da palavra escrita. No ano seguinte era promulgada a Constitutição de 24 de fevereiro, que, naturalmente, assegurou a liberdade de imprensa, "respondendo cada um pelos abusos que cometer, nos casos e pela forma determinada em lei". Não tendo o legislador ordinário cuidado da lei complementar subseqüente, continuou em vigor o Código Penal de 1890, até que, no tormentoso governo Bernardes, foi o assunto resolvido com o Decreto n° 4.743, de 1923.

A principal virtude desse decreto foi a de reviver a responsabilidade sucessiva do autor, do editor, do impressor e do vendedor de publicações delituosas, segundo a constante tradição do nosso direito desde antes da Independência. Inovando a matéria, o Código Penal da República preferia a responsabilidade solidária, inoperante e falha pelo risco de envolver precisamente as pessoas inocentes. De fato, como pode o jornaleiro responder pelos abusos do jornal que vende?

Saltando sobre o Estado Novo, quando o jornalismo embora não sufocado, viveu do ar viciado das permissões, ressurgiu a liberdade de escrever em sua plenitude na Constituição de 1946, ora pendendo do Congresso a lei complementar que a regulamentará.

## REPRESSÃO TEÓRICA

11 - Um simples relance sobre os 130 anos de liberdade de imprensa no Brasil revela: 1°, que o seu conceito, fundado na irrestrição jamais se alterou; 2°, que a repressão dos excessos varia

quanto à definição e punição dos delitos, tampouco mudou em substância, sempre se afirmando inepta e ineficaz. Os sistemas de responsabilidade e os de competência, a rigor, não importam. Na prática, todos tendem à transigência e ao acumpliciamento, nas raras vezes em que a autoria, notória e até ostensiva na sociedade não se oculta da lei por detrás do anonimato insondável ou do testa de ferro desprezível. Evidentemente, o que, nos abusos da palavra, interessa à ordem social é a punição do autor. Uma vez que ele se faça substituir por qualquer dos participantes acidentais do delito, o objetivo formalístico legal poderá ser atingido, mas a ordem social não receberá satisfação. É preciso ter-se um amor desesperado pelo eufemismo, para admitir-se a culpa do editor pelos livros e folhetos que ele apenas imprime ou a culpa do diretor de jornal pelos artigos, comentários e notícias efetivamente escritos por terceiros, e dos quais ele não tem, materialmente, tempo de tomar conhecimento. Essas deslavadas mentiras convencionais, sustentáculos do anonimato, são a causa imediata do fracasso da repressão dos excessos entre nós.

De acordo com a longa experiência do passado e os exemplos do presente, não é exagero dizer-se que, no Brasil, os abusos da liberdade de escrever são reprimidos apenas em teoria. Resulta que, de fato absoluta, ela, a liberdade, vive abandonada da proteção legal, e portanto, em permanente estado de insegurança.

EXEMPLOS

12 - Dir-se-á que, em outras democracias, os excessos são menores e a repressão não parece mais eficaz.

Mas, as outras democracias são... outras. Não se pode comparar as nações, aferindo-lhes os regimes. Inúmeros fatores as distinguem sob a mesma estrutura política.

Tomemos os Estados Unidos. Quem ousaria restringir lá a liberdade de pensamento? Quem ousaria lá pecar contra o mandamento de livre informação? Entretanto, afora os excessos previstos e punidos, o jornalismo norte-americano se atém a umas tantas regras ditadas pelo interesse coletivo, equivalentes a restrições, a verdadeiras imposições preventivas. O governo não tem como impedir a divulgação de uma notícia, mas se, comunicando-a, declara-a "off record", ela não será publicada. Frequentemente, sabemos de fatos longo tempo silenciados por esse modo. Às vezes, a notícia não é incoveniente senão até certo momento. Então, ela é fornecida com o "release" aprazado. Há pois um lapso de tempo em que ela fica sob censura.

Vejamos a Inglaterra, que é a própria matriz das liberdades políticas. Por consenso profissional espontâneo, certas notícias não aparecem nos periódicos do Reino. O público talvez as conheça, mas, por seu lado, não gostaria de as ver em letra de forma. O gabinete britânico não se anima a intervir nas redações, mas, se considerar inconveniente a propagação de uma notícia, ela certamente não sairá a lume. Quem não se lembra da discreção das gazetas de Londres durante a bulhenta abdicação de Eduardo VIII? Ainda recentemente o porta-voz da coroa para a imprensa julgou pouco decorosa determinada fotografia da princesa Margaret. Se algum inglês a quis ver, teve que comprar os jornais americanos.

A elevação e a dignidade da imprensa da Inglaterra, ainda há meses atestada por um vasto inquérito, promovido pelo gabinete e efetuado por uma comissão real, resultam de muitos anos de trato com as liberdades e da grande e grave e vigilante influência sobre ela exercida pela opinião pública. Já em 1855 Macaulay sublinhava essa influência poderosa nessas palavras: "Durante 160 anos a liberdade de imprensa tem-se extendido constantemente entre nós e durante esses 160 anos mais e mais se tem apertado o freio imposto aos escritores pelo sentimento público... Hoje em dia, os estrangeiros, que se não atrevem a escrever em suas terras uma única linha contra o governo, custam a compreender como a imprensa mais livre da Europa seja também a mais notável por sua circunspecção".

## REPRESSÃO EFICAZ

13 - O Brasil não está no caso dos Estados Unidos e, menos, no da Inglaterra. Parece um tanto longo o nosso curso primário de democracia. A verdade, porém, é que estamos atrasados. O uso que temos feito do voto bem mostra que ainda não fizemos jus aos estudos médios. Teremos de repetir as primeiras letras.

É natural, pois, que não disponhamos de uma opinião pública, como a da Inglaterra, capaz de sobrepor-se às leis e aos tribunais e de orientar a vida da nação. Precisamos das leis e dos tribunais.

Longe de uma regulamentação da liberdade de imprensa inócua, como as anteriores, precisamos de uma regulamentação eficiente, capaz de resguardar a ordem civil, as instituições republicanas, os credos religiosos, os bons costumes e a defesa nacional, a fama de autoridade pública e a honra dos cidadãos. Precisamos de uma regulamentação que extinga o anonimato e que colha e puna a autoria.

Precisamos, enfim, de uma regulamentação que torne a imprensa - dia a dia, mais célere e, portanto, mais atuante no bem e no mal - em instrumento fiel da democracia. Os democratas devem, afinal, compreender que o liberalismo mal entendido, que as condescendências e as concessões à demagogia, convertem os seus aparelhos de defesa em armas suicidas. Transviadas essas armas, pouco importa que o regime, que nos incumbe preservar e engrandecer, venha a ser apunhalado do lado esquerdo ou do lado direito.

Que a imprensa brasileira seja sempre e cada vez mais livre, mas que também seja sempre cada vez mais responsável.

*Aqui termina a conferência de 1950.*
*Quatro anos depois, Carlos Rizzini retomou seu texto e o reaproveitou parcialmente em um discurso que proferiu na Faculdade de Comunicação "Casper Líbero",*

*em São Paulo. No discurso, as idéias são as mesmas da conferência de 1950, apenas com algumas alterações estilísticas, pelo menos até o item 10, acima. Por isso, não reproduziremos integralmente o discurso.*

*Todavia, da metade do item 10 em diante, tendo em vista o desenvolvimento de outras idéias, torna-se oportuno transcrever o discurso, mesmo porque no entretempo já havia sido aprovada a Lei de Imprensa de 1953, à qual o orador se reporta.*

*Nesta ocasião, Rizzini também defende os cursos de jornalismo, na época ainda contestados pelos antigos profissionais, e mostra como tais cursos haveriam de contribuir inclusive para a garantia da liberdade de imprensa.*

*Segue-se, portanto, um trecho do discurso de 1954, que, por sinal, nunca foi publicado em letra de forma até a presente data:*

A sua regulamentação, pela lei nº 2.083, de 12 de novembro do ano passado, não trouxe modificações sensíveis à lei anterior, de 1934, a não ser:

a capitulação, entre os delitos, da propaganda de guerra, de subversões da ordem e de preconceitos de raça;

a redução das penas corporais e a agravação das pecuniárias, o que tudo importa em abrandamento, dado o valor decadente da moeda;

a substituição, na ordem da responsabilidade, do editor pelos diretores e redatores-chefes dos jornais e periódicos, e a inclusão dos gerentes de oficinas.

No mais, a lei nova parece-se com a velha e há de dar, na prática, os pecos frutos de sempre.

- Para tornar responsável a liberdade de imprensa, precisaremos então de outra lei? De lei mais rígida, mais severa? Ou precisaremos apenas colher e dar curso a conceitos amadurecidos na nossa própria consciência e, sabemos, apontados pela opinião pública?

Quereremos nós, jornalistas, iludir-nos, degradar a nossa missão social, cada dia mais relevante em face do fluxo de erros e paixões do imediatismo - fazendo tábua rasa do julgamento daquele inapelável tribunal, apesar do exemplo magnífico da Inglaterra, debuxado nestas memoráveis palavras de Macaulay, de 1855: "Durante 160 anos a liberdade de imprensa tem se estendido constantemente entre nós, e durante esses 160 anos mais e mais se tem apertado o freio imposto aos escritores pelo sentimento público... Hoje em dia, estrangeiros que não se atrevem a escrever, em suas terras, uma só linha contra o governo, custam a compreender como a imprensa mais livre da Europa seja também a mais notável por sua circunspecção".

Senhores, os males da nossa imprensa, esparsos aqui, cumulados ali, estão à vista e, principalmente, à nossa vista: a ignorância, senão geral, ao menos no que toca nas nossas próprias atividades; o empirismo técnico; o interesse pessoal ou de grupo; o facciosismo político, sempre privatista, num país em que os partidos trocam as bandeiras ideológicas pelos letreiros eleitorais; o descritério econômico; a competição esteada em concessões reprováveis; a caça ao populismo barato e à sensação imoderada; e, planando sobre tudo, a ausência de senso profissional.

É essa ausência a chaga viva do jornalismo; chaga que já tende a reduzir-se, mas, ainda assim, necessitada de cautério.

Precisamos ajudá-la a fechar-se, depurando do nosso meio os falsos jornalistas; os profissionais de outras profissões que se inculcam também profissionais da imprensa; os que do nosso ofício fazem pontas e biscates, extraindo dele o enganoso prestígio com que arranjam negócios, escalam posições e graduam-se nos empregos públicos, ou simplesmente se isentam de impostos, privilégio que, pela sua iniquidade, deve ser abolido; os que, violando as nossas tarefas e violentando a nossa paciência, conseguem transferir para as colunas públicas, em notas e artigos, os seus assuntos particulares, ou os gerais, na versão particular; e ainda os que, entrando para as redações têm os olhos postos na saída, seguros de que, de fato, "la presse méne à tout à condition d'en sortir".

O exercício da liberdade de imprensa em bem da comunidade está no Brasil ligado à formação de uma consciência profissional, e esta não raiará plenamente antes de que cuidemos a sério do preparo do material humano.

Positivamente, senhores, esvaziou-se e perdeu qualquer sentido a resposta de John Dillon ao fundador da Escola de Jornalismo de Missouri: "Nós, jornalistas, somos como os poetas: born, not made". Tampouco conserva substância a sentença de Frederic Hudson contra o ensino do jornalismo: "O único lugar onde alguém pode aprender jornalismo é a redação de um grande jornal". A tal sentença, Pulitzer deu troco imediato: "Sim, a redação é lugar indispensável à formação do jornalista, como o hospital à do médico e o fôro à do advogado. Mas, o médico e o advogado não encetam a prática sem passar pelos bancos das faculdades. Por que só o jornalista é dispensado de saber a sua teoria e até de saber alguma coisa?

Na vida da imprensa brasileira há dois grandes marcos: a extinção da censura prévia, pelo Aviso de 28 de agosto de 1821, antes da regulamentação do artigo 8º das Bases da primeira constituição portuguesa, e a criação do ensino do jornalismo pelo decreto-lei de 13 de maio de 1943.

Cinco anos depois inaugurava-se o Curso de Jornalismo da Faculdade Nacional de Filosofia.

Mas não seria senão o segundo curso. Antes, em 1947, abria-se esta modelar Escola de Jornalismo "Cásper Líbero", integrada na Faculdade de Filosofia, Ciências e Letras de São Bento, da Pontifícia Universidade Católica de São Paulo.

*(Na época, a Faculdade de Comunicação Social "Cásper Líbero" era filiada à Universidade Católica de São Paulo.)*

É à juventude preparada nos cursos modernos de jornalismo, quaisquer que ainda sejam os embaraços levantados pelo autodidatismo e pelo empirismo, e sobretudo pelo ceticismo dos que não acreditam senão nos pendores, nos dons e nas vocações espontâneas - é a essa juventude que incumbe, pelo conhecimento e pelo treino, pelo saber e pela prática, criar o profissionalismo, condição precípua para o exercício responsável da liberdade de imprensa.

Devemos todos trabalhar por uma imprensa cada vez mais livre - livre das limitações externas, que são a opressão, e livre das internas, que são a irresponsabilidade.

Por uma imprensa a serviço do bem.

# MOÇÃO
# À CONFERÊNCIA DA ASSOCIAÇÃO INTERAMERICANA DE IMPRENSA

> *Carlos Rizzini, como representante dos* Diários Associados, *apresentou esta moção perante a Conferência da Associação Interamericana de Imprensa, realizada em Montevideu em outubro de 1951. A moção veio a ser publicada em vários jornais e, dentre eles, pelo* Diário de Notícias, *de Salvador, em 12 de outubro de 1951, sob o título "DESPOTISMO E FAVORES DOS GOVERNOS, DUAS FORMAS DISTINTAS DE OPRESSÃO".*
> *A Conferência defrontava-se, dentre outras, com restrições à liberdade de imprensa causadas pelo governo de Peron na Argentina.*

O princípio da liberdade de imprensa vem sofrendo as modificações impostas pelo desenvolvimento social aos demais dogmas do liberalismo político. A extensão às maiorias das utilidades e dos benefícios da civilização, antes para elas inatingíveis, alterou profundamente conceitos e definições supostamente imutáveis, submetendo aos seus fins as instituições jurídico-políticas, assim dia-a-dia tornadas mais relativas e contingentes. O crescimento dos poderes do Estado, regulando a propriedade, o exercício da indústria e do comércio, as condições do trabalho, a produção e a circulação da riqueza, o abastecimento e os preços das mercadorias, etc., comprova aquela fácil observação. Não há hoje lugar no mundo senão para governos realmente fundados nas maiorias, provedores dos seus anseios, em toda parte excitados pelo dualismo ideológico, inconciliável e feroz.

A imprensa tem de subordinar-se, como as demais atividades, ao interesse público. Presentemente não é exercida nas condições sociais e políticas e nem nas materiais de trinta anos passados. Os próprios objetivos profissionais mudaram com a presteza e a penetração das notícias e a multiplicação dos meios e modos de colhê-las e expandi-las. Animado e arrebatado pelos acontecimentos, o jornalismo, de órgão de doutrinação e debate, converteu-se principalmente em engenho de captação e propulsão de notícias. O predomínio da imprensa informativa é incontestável. Quando hoje reclamamos o livre acesso às fontes de informação, situamos a liberdade de imprensa em termos rigorosamente práticos. O uso da informação assim obtida arma problemas relacionados com as comunidades, os governos e os profissionais.

Até onde, nesse entrechoque, tem a imprensa cumprido o seu dever ou a sua missão de divulgadora exata da informação? A experiência revela que, além das imposições do meio social e político, o jornalismo sofre outras influências, que condicionam, deformam o seu exercício. Ao velhor despotismo dos governos pessoais ajuntaram-se os favores e benesses dos governos que tem na propaganda e no elogio os seus elementos de continuidade. São duas formas distintas de opressão: a prepotência e o suborno. A competição profissional mal orientada, desencadeando a rivalidade sensacionalística do noticiário, ofende a legitimidade da informação. Por fim, a desigualdade do custo do jornal, acentuada na América Latina com a carestia do papel, cria prejuízos financeiros incompensáveis para as empresas, compelindo-as ao definhamento e à morte ou a composições atentatórias da correção informativa.

Considerando os pontos acima, proponho que a Conferência Inter-Americana de Imprensa condene:

1) Todas as formas de censura e coação oficial.

2) A fundação ou a aquisição de jornais pelos governos.

3) O jornalismo exercido contrariamente aos interesses notórios do público.

4) Toda espécie de isenções fiscais e de reduções de despesas comuns, e quaisquer outros privilégios em favor dos jornalistas.

5) A tolerância das entidades de classe na admissão ou registro de falsos jornalistas e jornalistas ocasionais.

6) A fundação ou a aquisição de jornais por pessoas, empresas ou grupos estranhos à imprensa e, em geral, as interferências financeiras que coloquem os jornais a serviço de outros interesses que não os das comunidades.

7) A condescendência das leis e dos tribunais na repressão aos abusos do exercício jornalístico. Os delitos de imprensa devem ser definidos em lei e rigorosamente punidos pela justiça. Só a imprensa responsável é realmente livre.

8) A fundação de jornais sem patrimônio, ou de patrimônio oculto.

9) O sistema de não revelarem os jornais a natureza dos seus recursos. Os que vivem de suprimentos estranhos às receitas normais não podem estar evidentemente ao serviço coletivo.

10) A presente distribuição da produção continental de papel, de que resulta viverem os jornais dos Estados Unidos em opulência e os da América Latina em crescentes dificuldades. Enquanto os jornais dos Estados Unidos pagam 116 dólares pela tonelada de papel, os dos demais países americanos, exceto o Canadá, pagam em média 250 pelas poucas toneladas que conseguem importar. Aproveitando-se da escassez, os fabricantes escandinavos cobravam-lhes preços extorsivos, que chegam a 350 dólares pela tonelada métrica. A imprensa dos Estados Unidos não pode alimentar o propósito de sufocar ou de extinguir a imprensa latino-americanos ou de forçá-la a sobreviver fora do seu destino. Se reduzisse de apenas 5% (290 mil toneladas) o seu consumo, contribuiria eficazmente para o fortalecimento e a prosperidade da imprensa de toda a América. Se tão diminuta pretensão for impossível, seria o caso de estimular esta Conferência entre as empresas interessadas, a fabricação de papel em outros pontos do continente, com o aproveitamento de novas fibras nele abundantes.

# AS ARMAS SECRETAS CONTRA A LIBERDADE DE PENSAMENTO

*No início de 1945, embora a ditadura de Getúlio Vargas continuasse a exercer a censura, algumas matérias jornalísticas conseguiram escapar do corte. Uns poucos artigos e entrevistas chegaram ser publicados mesmo fazendo críticas, ainda que moderadas, à falta de liberdades e ousando pedir claramente reformas políticas, inclusive eleições. Até que, em 22 de fevereiro, o* **Correio da Manhã**, *do Rio, publicou uma entrevista bombástica de José Américo de Almeida, que fora candidato à presidência da República em 1937 na eleição impedida por Getúlio com o golpe para a implantação do regime ditatorial conhecido como o "Estado Novo". A entrevista se alongou em vasta análise e contundente crítica à situação mantida pela ditadura. Como a ela não se seguiu nenhuma reação dos órgãos censórios, o episódio tornou-se o marco da retomada da liberdade de imprensa, limitada e cautelosa de início, mas eficiente.*

*O artigo de Carlos Rizzini, aqui transcrito, publicado no* **Diário de S. Paulo** *de 24 de fevereiro de 1945, já aproveita e, de certo modo, testa essa recentíssima liberdade e nos oferece uma visão ampla dos métodos censórios estadonovistas.*

Não basta acabar com a censura da imprensa e do rádio, isto é, não basta que os órgãos opressores do pensamento escrito e falado cessem de expedir em todo o Brasil ordens proibindo a publicação ou a transmissão disto ou daquilo. Com vagar, muitas dessas ordens são exumadas e conhecidas. Verá então o público porque cargas d'água os acontecimentos universais lhe chegavam com dias e semanas de atraso; porque lia e ouvia incompletos e amputados os mais eloqüentes diplomas da guerra, inclusive discursos dos líderes democráticos da Europa; porque ficavam soterrados no indivulgável certos acontecimentos de vulto, de que só tinha notícia vaga e tardia pelo boato e notícia célere e completa pelas folhas de Buenos Aires e pelo rádio de Berlim. Verá os altíssimos motivos que empeciam triviais ocorrências da sua cidade e até do seu bairro. Verá também a razão de interromperem-se bruscamente determinadas campanhas moralizadoras movidas em nome do bem comum contra o erro, a ganância e a esperteza dos seus exploradores.

A censura prévia, por meio de recados telefônicos e de intimações pessoais, e a censura repreensiva, por meio de ralhos falados ou escritos, de suspensões dos jornais e dos rádios, de prisões correcionais, de processos em pretórios de exceção e de interdições profissionais - são muito, são o visível e o ponderável, mas não tudo.

Relativamente à imprensa, o governo de após 1937 concebeu, ou tomou emprestadas, armas novas e silenciosas de efeitos tremendos. Consistem esse ultra-potentes instrumentos de opressão em tratar suspensa sobre os jornais a ameaça de substituir os seus diretores por delegados dele, governo, exatamente como se substituísse um estafeta ou inspetor de quarteirão. Semelhante ameaça, por mais absurdo que pareça, chegou a concretizar-se mais de uma vez. Por outro lado, o governo entendeu considerar de mera graça o direito de isenção aduaneira tradicionalmente reconhecida aos jornais e assim defitivamente incorporado ao patrimônio das empresas. Resultado: sempre que um jornal destoa da ladainha dos departamentos de propaganda, pode receber o comunicado de ter sido suspensa a referida isenção. Imediatamente, sem recurso algum, nem mesmo o de lastimar-se em voz alta, passa a pagar na alfândega 1$860 por quilo de papel além dos $034 da taxa de expediente. Várias empresas, em várias ocasiões, sofreram essa injúria. É certo que não durava, mesmo porque, se durasse, não durariam as empresas, pois nenhuma resistiria a uma tão desatada sangria.

Consumindo um jornal de boa circulação cerca de 180 toneladas de papel por mês, a punição acarretaria um prejuízo de 12 contos por dia.

Relativamente ao rádio, contra o qual avivou o governo o

caráter precário das concessões, como se os capitais nele invertidos pertencessem ao evento, divergiu o sistema da opressão silenciosa. Na realidade, a precariedade das concessões bem equivale às armas afiadas contra a imprensa. De resto todos os programas radiofônicos são previamente submetidos à censura e o noticiário dos jornais falados é pautado em ordens diariamente baixadas pelos departamentos oficiais. Até há pouco tempo, essas ordens eram escritas, mas passaram a orais desde o dia em que um locutor leuas uma a uma ao microfone, supondo serem notícias. E eram.

Mas, os rádios sofrem uma outra e grave restrição, dirigida, como as demais, a impedir a publicidade do que aborrece ao governo e fazer a publicidade do que lhe interessa. Essa outra restrição vai além: serve, sem cerimônia, ao elogio direto e sistemático, não só dos atuais ocupantes dos cargos públicos, como do regime que copiaram e introduziram, ardorosamente usaram e defenderam, e agora pretendem jogar fora a toda pressa.

Referimo-nos à famigerada "hora do Brasil". Os rádio-ouvintes conhecem bem os seculares sessenta minutos dessa "hora inaudita". O que nem todos sabem é que ela é inteiramente custeada pelas emissoras e constitui, assim, um enorme ônus, um tributo forçado, uma finta, uma verdadeira e contínua penalidade, que aos males econômicos reúne os artísticos e sociais. Antes de 1937, a "hora do Brasil" tinha por fim a transmissão de atos e notícias oficiais. Já era absurdo pretendesse o governo veicular o seu expediente à custa alheia. Mas, depois de 1937, a "hora" involuiu para a propaganda política. Propaganda de princípios e de pessoas. Sob a capa da neutralidade ali se gotejaram muitos frascos de veneno nazi-fascistas, e sob a capa da informação administrativa ali se expandiram arrobas de elogios descabidos, de interpretações capciosas e de simples e vazio palavrório ditirâmbico. Ainda recentemente nela se fizeram pregações proletárias anti-democráticas.

A liberdade de imprensa e de resto, como se vê, não depende somente da cessação da censura. É indispensável que o governo recolha todas as demais armas bulhentas ou silenciosas, pessoais ou econômicas, que criou e assestou contra os jornais e os rádios. Não existe a meia liberdade.

# LIBERDADE PARA O RÁDIO

> *Neste artigo de 26 de fevereiro de 1945, publicado pelo* Diário de S. Paulo, *Rizzini trata da censura ao rádio, explicando como agia o detestado Departamento de Imprensa e Propaganda, o DIP, órgão censório do Estado Novo. Os casos relatados no artigo envolvem Júlio de Mesquita Filho, proprietário de* O Estado de S. Paulo, *jornal que estivera submetido à intervenção do governo ditatorial durante longos anos, e Osvaldo Aranha, antes ministro de Getúlio e, à época, seu opositor.*

É no momento em que surge na Conferência do México uma moção tornando obrigatório nos países americanos "o livre acesso às informações" - moção que será fatalmente aprovada, com o voto da delegação brasileira; é nesse soleníssimo momento, que o governo da União pretende continuar a trazer o rádio atrelado aos seus interesses de partido; mais do que isso, atrelado a seu estreito círculo de objetivos pessoais. Sim, porque o Departamento de Imprensa e Propaganda do Rio de Janeiro está considerando a liberdade de manifestação do pensamento uma graça concedida aos jornais e somente a eles. Por que? Sem dúvida porque considera a liberdade um estorvo e pretende, tanto quanto possível, retê-la em meia luz. Conquanto tenha o rádio mais rápido e profundo alcance, pertencem aos jornais a tradição e o primado da notícia e do comentário, e são eles indubitavelmente que nutrem e aformam a opinião nas capitais e nas grandes cidades. Abrindo os grilhões à imprensa e apertando as gargalheiras ao rádio, o governo cohonesta o seu recente e verde democratismo, atende às exigências dos citadinos, atesta ao mundo a sua conversão, ao mesmo tempo em que arreda da vida pública pelo menos metade dos brasileiros, a metade que as celebérrimas reformas da instrução afundaram no analfabetismo. Amordaçados os microfones, a informação política, nesta época de celeridade, é uma informação urbana. Não chega ao âmago do país para acordar o brasileiro iletrado, e ao letrado chegará amanhecida ou velha de dias e até de semanas. Sem jornais e sem rádio, que a tanto monta receber jornais velhos e ouvir rádio censurado, que resta ao lavrador e ao campeiro, como veículo de informação?

Nada. Restará a "hora do Dip", abusivamente chamada "do Brasil". Mas, isso não é informação. Ao contrário.

É preciso que o povo se inteire bem do que se está passando com relação às emissoras. Na mesma hora em que o sr. Júlio Mesquita Filho inaugurava, no último sábado, na *Tupi* paulista, as irradiações políticas, o sr. Osvaldo Aranha era proibido de falar ao microfone da *Tupi* carioca, a menos que se sujeitasse à humilhante exigência de apresentar previamente o seu discurso à palmatória da Real Mesa Censória do Departamento de Imprensa e Propaganda.

As reverentes alegações logo oferecidas de haver sido a Santa Inquisição relegada da colônia por D. João VI, num contrato com os ingleses, e abolida em 1821 pelas soberanas cortes gerais da nação portuguesa, e de haver a dita cuja expirado da sua assombrosa reencarnação de 1937, na véspera, dia 23 do corrente mês de fevereiro, exatamente dois séculos e meio depois de declarada a liberdade de imprensa na Inglaterra; a essas procedentes e ingênuas alegações respondeu o Dip que mandaria cortar os cabos de força elétrica da estação, se o discurso do ex-chanceler fosse para o ar sem o seu respeitável visto. Diante de semelhante ameaça (outra arma secreta não revelada no nosso artigo de sábado), o sr. Osvaldo Aranha guardou o discurso e a *Tupi* carioca mandou aos céus mais um sucesso do último carnaval.

Enfiada essa fresca e inocente orelha no colar dos seus cotidianos triunfos, ia o Dip repousar feliz, quando lhe chegaram os ruídos da festa cívida da *Tupi* paulista e da oração proferidas através das suas antenas pelo ilustre confinado de Louveira. Incontinenti indagou pelo telefone quem tivera em S. Paulo o descoco de violar a sua severíssima ordem de não ser a ninguém permitido falar no rádio sem o antecipado "pode correr" da ilustríssima censura. Que tal não se repetisse!

Eis, pois, o rádio tolhido, arrolhado, e reduzido, nesta grande e sonhadora hora de regeneração cívica - hora de resgate e de alforria - à função alegre e secundária de divertir os brasileiros. Eis a sua parte na propaganda das idéias e na mobilização espiritual do país. Ajoujado à almanjarra da propaganda oficial não produz senão garapa o maravilhoso instrumento de Marconi. E que podem fazer, e o que poderiam ter feito pelo Brasil nesses escuros e calados sete anos de ditadura as suas emissoras!

Inste-se em puxar dos detentores do poder as liberdades engavetadas antes de aceitar-se a devolução dos direitos de cidadania. Primeiro as franquias públicas afim de que possamos manejar conscientemente aqueles direitos. Ressalvadas as responsabilidades previstas nas leis democráticas, queremos a plenitude das liberdades civis. Que cada cidadão possa falar no rádio e nas ruas e escrever nos jornais, sem o perigo de cadeia, confinamento, desterro, processo em tribunais inquisitoriais e interdição profissional. Que as empresas jornalísticas e as estações de rádio possam franquear as suas colunas e as suas antenas a todo mundo, sem o risco de suspensão, intervenção, cancelamento de prerrogativas fiscais e fechamento. Que os brasileiros possam viver na república como viveram no império os seus antepassados.

## O ÚLTIMO QUILÔMETRO DO TÚNEL

*Em 28 de fevereiro de 1945, entre a data do artigo anterior e a deste, Getúlio baixara a Lei Constitucional nº 9, também chamada então de Ato Adicional, cujo texto previu a fixação, dentro de 90 dias, de data para eleições gerais.*

Esse caso da *Rádio Tupi* tem uma grande virtude: revelar ao público, sem os disfarces anteriores, em toda a sua nudez, como agia o Departamento de Imprensa e Propaganda nos seus frequentes assomos à liberdade de pensamento. Há uma semana atrás, se aquela ou outra emissora houvesse desrespeitado, mesmo por equívoco, uma ordem da censura, seria tirada do ar, por bem ou por mal, sem que a população ficasse sabendo o que acontecera. Geralmente atribuia a pausa forçada a um desarranjo de válvulas.

E essa inqualificável violência representa apenas uma das muitas medidas repressoras postas em prática pelo engenho federal de compressão das franquias públicas. O seu reverso - da suspensão - é a obrigatoriedade imposta ao rádio de entrar, de quando em quando, em cadeia para transmitir cerimônias e discursos de interesse particular do governo. Ambas as exigências - saindo as estações do ar ou nele ficando - implicavam em irreparáveis prejuízos financeiros e artísticos e em dissabores de toda espécie.

Muitas pessoas continuam perguntando porque o governo retirou a censura da imprensa e conserva a do rádio. Que malefício específico vê nas antenas? Dizem os adivinhos que, por enquanto, não lhe convém atinjam o êxame e a crítica dos acontecimentos a regiões profundas do país.

A adivinhação explica pouco. Nem se fica sabendo se a restrição visa o rádio ou as populações distantes, privadas da notícia escrita, seja pela demora em receber jornais seja pela impossibilidade de lê-los. Pretende o governo restringir o valor e o prestígio das emissoras, incerto quanto a sua conduta partidária, ou pretende deixar os brasileiros do interior imersos no desconhecido e inábeis para o prélio eleitoral?

Como seria viciosa a primeira pretensão, desde que as rádios tampouco poderiam revelar suas inclinações antes do uso da liberdade, segue-se o prevalecimento da segunda. Assim, não quer o governo que o facho de liberdade alumie mais do que a crosta urbana do país. Não importará, porém, essa conclusão lógica em denunciar o governo a repugnância com que reacende o facho e ao mesmo tempo lhe reduz a chama?

É com o auxílio dessa luz que estamos varando o que se nos afigura o derradeiro quilômetro de um longo túnel. A caminhada é áspera e a própria luz nova projeta sombras nas paredes negras do túnel. Mas, vai-se andando. Tudo está em saber se aquela pequena claridade que se divisa ao longe, onde a pesada abóbada finda, é mesmo a fascinante imagem dos nossos belos e arejados dias brasileiros.

# UMA COISA ABSURDA

*Na tentativa de perpetuar o odioso DIP, o governo mudou seu nome para Departamento Nacional de Informação por meio do decreto-lei 7.582, de 25 de maio de 1945. Esse improvisado DNI, entretanto, veio a ser extinto no ano seguinte, em 6 de setembro, pelo Decreto-lei 9.788. Eis o tema de Rizzini neste artigo publicado no* Diário de S. Paulo *de 16 de março de 1945.*

Ultima-se no Rio a redução do Departamento de Imprensa e Propaganda em escritório meramente cultural. É alguma coisa. Mas, alguma coisa absurda. Que diabo de títulos tem essa opaca e impermeável mesa censória, que é o Dip, para transformar-se subitamente, de máquina compressora do pensamento, de almofariz triturador da opinião pública, em luzeiro da inteligência e da cultura do Brasil? Isso é o mesmo que pretender aflautar um varal de maçaranduba: arrancar melodias dos tirantes de um carro de defuntos. Vade retro!

Durante a sua mofina existência, o Dip não fez, na órbita literária, senão falsificar a história do país, imprimir biografias louvaminheiras compostas por estrangeiros ladinos, e perseguir e esfolar os homens de talento. Gilberto Freyre ainda hoje está proibido de publicar os seus artigos no Recife. A maioria dos nossos plumitivos migrou das praças dos livros e das gazetas para os ninhos dos gabinetes domésticos. Esconderam-se. E para viver agarraram-se a traduções, ao passado, ao futuro, ao futebol, à alquimia. De um, sabemos que tem quase descoberta a pedra filosofal.

Os escritores ainda puderam retrair-se e furar a onda. E os jornalistas, que bracejavam em cima dela, à força e aos boléus, engulindo água e areia e batendo com as cabeças nas pedras?

As vilanias cometidas contra a imprensa brasileira pelo Dip hão de ser a seu tempo contadas por meúdo. Há coisas do arco-da-velha, dignas de figurar em dramas e burletas, em almanaques e folhinhas, e no "Almocreve das Petas" do bom e ultra-falecido José Daniel.

Se a censura à idéia foi sempre tida como ofício pesteado, que se não dirá da exercida pelo Dip, com requintes de insolência, dislate e simulação? A seca e concisa fórmula do "não pode correr" da velha e rabugenta censura literária portuguesa, ele destrançou em vários fios de arrocho, desde o sanhudo "proibido", rabiscado nos originais, até a melosa advertência de se fazerem tais ou quais comentários; desde o recado telefônico de não se divulgar certo conto do vigário, certo casamento, certo desastre, o nome da mulher que carregou a carteira de um diplomata, o tremendo escândalo das granjas do caminho de Petrópolis, os avanços e recúos da jogatina, e outras baboseiras e falcatruas, até a exigência de "visto" na matéria, o chamamento de secretários para ouvirem pitos e conselhos e a introdução nas páginas dos jornais, por via de especial recomendação, de "kágados" preparados pelos escribas da confraria.

No tocante ao noticiário da guerra, o Dip chegou ao desplante de submetê-lo integralmente aos seus filtros suspeitos. As agências telegráficas estrangeiras não podiam distribui-lo senão depois de examinado e estropiado pelos censores. Os jornais que captavam diretamente o serviço radiotelegráfico internacional, como o DIÁRIO DE S. PAULO, tiveram de abandoná-lo, fechar as suas instalações técnicas e perder a vantagem da instantaneidade da informação. Nota-se que graças a esse processo o DIÁRIO DE S. PAULO divulgou em primeira mão o assalto germânico à Rússia e o conseqüente discurso de Stalin, imediatamente vetado pelo Dip. Imagine-se o espanto causado nos Estados Unidos pela maluquice de estarem sob censura prévia a United e a Associated Press!

Semelhante arrolhamento durou até poucos meses atrás. O seu fim principal era o de barrar o conhecimento das vitórias russas. O abuso, nesse objetivo, foi tal que não raro o Dip recuperava com o lápis as cidades tomadas ao Reich pelas baionetas de Cherniakovsky. Nessa ocasião, os jornais foram proibidos de destacar os triunfos e de estampar fotografias do exército vermelho.

Isso é pouco. Nos primórdios da guerra, quando a didatura andava de cama, mesa e pucarinho com o louco de Berchtesgaden e o palhaço do Palácio Chigi, o Dip perpetrava toda sorte de falsetas com os estadistas dos países anti-fascistas. Sabotava com o mais irritante descaro os seus atos e palavras. Um dia riscou de um discurso de Chamberlain os trechos de exaltação aos ideais democráticos. O discurso voltou do cepo censorial tão retalhado que não tinha sentido.

Ao Dip, para transmudar-se em aparelho cultural falta tudo: saber, capacidade e decoro. É impossível fazer-se de um valhacouto de violências reacionárias e de fraudações políticas um centro irradiador de cultura numa república civilizada.

# A AUTÓPSIA DO ESTADO NOVO

*Neste artigo de 30 de março de 1945, publicado no Diário de S. Paulo, Rizzini denuncia as formas escusas por meio das quais o DIP procurou deformar nossa história ao gosto da ditadura. Dá, como exemplo, a forçada vinculação do Estado Novo à criação da legislação trabalhista. O exemplo é adequado. De fato, essa legislação já fora elaborada e quase toda aplicada antes de 1937, principalmente por obra de Lindolfo Collor, Ministro do Trabalho de Getúlio de 1930 a 1932.*

Leitores, por este São Paulo afora, dão-me a honra de comentar os artiguetes que venho escrevendo desde o surgir das primeiras sombras crepusculares, que, em breve noite fechada, hão de envolver e amortalhar o mais oprobrioso capítulo da nossa história.

Um desses amáveis correspondentes está preocupado com o futuro balanço dos acontecimentos. Enquanto proibia aos literatos e aos jornalistas a enunciação das verdades mais comezinhas, a ditadura, pela violência e pelo suborno, espalhava as mais cabeludas mentiras. A função principal dos Dips, segundo os figurinos italianos e germânicos, ainda em moda no Portugal salazarista, é a de substituir o real pelo ficto, o positivo pelo convinhável. Visando abarcar a generalidade da opinião, utilizavam-se aqueles sinistros departamentos de propaganda, não só dos jornais e das rádios, mas também do livro, do folheto, do cartaz, da revista, do cinema e até do teatro. Chegaram, no auge da impudência, a peitar os foliões dos morros do Rio para que corressem as ruas no carnaval empunhando letreiros de exaltação ao Estado Novo. Até o deus Momo compareceu ao "guichet" do antigo palácio Tiradentes! Datará daí sua desmoralização. Chegaram ainda ao descoco, acumpliciados à ganância de diretores de sindicatos trabalhistas, de promover festanças e funçanatas operárias, sob o falso pretexto de agradecer-se ao chefe do governo as leis sociais que a democracia dera ao Brasil.

O historiador não poderá fugir a uma tão abundante e variada soma de falsos documentos ao traçar a escura página dos sete anos de absolutismo. Como desprezará os livros e os jornais do tempo? Baseado em quê refugará as biografias feitas de encomenda e regiamente pagas? Realmente procede o terror do correspondente. E nem o caso seria singular na nossa história. Os verdadeiros democratas da era da independência - Lêdo, José Clemente e Januário - tiveram a sua glória obumbrada pelo monarquismo, talvez mais útil, mas indubitavelmente autoritário, de José Bonifácio. Não há força humana capaz de arrancar do segundo para o primeiro plano aquelas três grandes figuras liberais. Todo esse proscênio está ocupado pelo sábio Andrada. Os papéis oficiais do Rio e de Lisboa, a correspondência diplomática, as cartas dos imperantes, as famosas epístolas do próprio José Bonifácio, ampliaram-lhe e engrandeceram-lhe a valiosa participação no Sete de Setembro. Bem examinada, a participação de Lêdo foi, entretanto, maior.

É do ingurgitamento das tiranias nuclear todos os bens na mirífica providência do tirano e todos os males nos sistemas políticos anteriores. As inúmeras e importantes medidas tomadas no Rio de Janeiro, quando da transferência da corte portuguesa, em 1808, umas exigidas pelas circunstâncias e outras ditadas pela clarividência de ministros, como o conde de Linhares e o marquês de Aguiar, foram, sem exceção, atribuídas pelos áulicos ao pobre D. João. Hoje, para se apurarem as responsabilidades, é preciso capinar o terreno entiriricado de lisonjas e bajulações.

Com o septenato, símile perfeito do despotismo bragantino, com a diferença pejorativa do tempo, acontece o mesmo. Tudo o que sucedeu de bom no país saiu da graça do chefe do governo e tudo o que sucedeu de mau sobrou do passado republicano. Fatos notoriamente sobrevindos contra a vontade do ditador, desfechados por forças superiores, são-lhe tranquilamente imputados. Um dia eles serão pormenorizados.

Apesar da vigilância da publicidade oficial, a messe de ocorrências passíveis de incensamento foi sempre escassa. Daí recorrerem os Dips e os escribas palacianos a invencionices verdadeiramente afrontosas à consciência pública, tais, por exemplo, a adoção da atual legislação social e o formidável lucro de dever-se pessoalmente ao fundador do Estado Novo a... unificação do Brasil!

Evidentemente é necessário defender a verdade contra a falsidade da propaganda ditatorial. Não sendo possível arrumar um auto-de-fé e queimar em praça pública os jornais, folhetos, cartazes, filmes, biografias e mais forjicações do estadonovismo, o que nos resta é contrariar tudo pelos mesmos meios.

Vendo e lendo uns e outros documentos, o historiador decidirá entre a louvaminha e o argumento, entre a certeza e o erro.

Autopsiemos, pois, o Estado Novo.

## QUARENTA DIAS DE LIBERDADE

*A partir da restauração da liberdade de imprensa os fatos se aceleraram. Getúlio por meio do Ato Adicional convocou eleições. Ao suspeitado e denunciado continuísmo do ditador, sobrepôs-se a candidatura do General Eurico Gaspar Dutra, ainda que tal candidato à presidência tivesse sido durante sete anos ministro da guerra do Ditador. A campanha do outro candidato, o de oposição, Brigadeiro Eduardo Gomes, tornou-se irreversível. Manifestos publicados em vários Estados pediam abertamente a anistia; etc.*

*Neste artigo publicado pelo* **Diário de S. Paulo** *em 7 de abril de 1945, Rizzini faz um balanço desse quadro, creditanto à liberdade de imprensa os progressos já conseguidos.*

Agora, que se passaram quarenta dias da precária restauração da liberdade de imprensa, é o caso de perguntar-se aos compadres do totalitarismo que males trouxe ela ao Brasil. Em sentido contrário, pode avaliar-se os bens que deixou de trazer nos sete anos de aniquilamento da ordem institucional e de predomínio dos corrilhos palacianos e dos apetites oligárquicos.

Grande é, em tão curto lapso de tempo, o acervo de beneficios produzidos pela livre crítica dos jornais aos assuntos de interesse geral.

Anunciada a marcha forçada da didatura em demanda dos abandonados rincões democráticos, viu bem o público que ela deu atrás três ou quatro passos e bivacou. Pretendeu fortificar-se no ato adicional, afetando representar esse papel verde tingido de branco promessa bastante para a desalteração dos anseios do povo.

Que significava o ato adicional? Adaptação aos imperativos republicanos de uma carta política estrangeira, herética, absolutista, córnea, insolúvel e, portanto, inadaptável ao quer que seja. Só há um meio de conciliar a constituição de 37 aos princípios liberais: rasgá-la.

Bivacada, cogitou a didatura de fraudar, em proveito próprio, a redemocratização do país. O seu plano, na esfera doutrinária, consistia em trocar os frascos conservando os conteúdos. As franquias civis saíram do tronco para a liberdade condicional policiada, a anistia talvez se reduzisse a indulto, degradando-se de providência social em óbulo, ou em brinde a capitulações morais; o poder pessoal prosseguiria disfarçado em aparatosas e inoperantes colegiadas; o poder judiciário permaneceria desdourado na continuidade dos tribunais inquisitoriais; e o poder legislativo, aguado com as referidas colegiadas tecnocráticas, não passaria de parlatórios acadêmicos inofensivos.

Na esfera prática, consistia o plano da didatura em repetir a façanha de 37, criando antagonismos de tal modo extremes e perigosos, que, à última hora, surgisse a sua prorrogação ou sobrevivência, com este ou aquele título, como único remédio às desgraças por ela solertemente desencadeadas.

 Prendeu-se a esse plano sinistro: as provocações por paus-mandados nos comícios dos fins de fevereiro e princípios de março; o agenciamento de sindicatos operários para as projetadas manifestações trabalhistas; a compra de jornais; o trancamento da imprensa livre e a sua anulação em determinados Estados; a investidura em cargos de relevo de indivíduos notoriamente reacionários; e, por fim, o lançamento pelos seus serviçais de uma candidatura destinada a dividir a opinião civil e a coesão militar, ocasionando a inquietação, que as demais medidas levedariam até o ponto desejado e pré-estabelecido.
 Ambos os planos da didatura falharam. E falharam de início. Inutilizou-os por completo a liberdade de imprensa. O ato adicional virou pangaio, inclusive para o Ministro da Guerra, um dos seus signatários. Não há ninguém que não admita poderes constituintes ao próximo congresso legislativo; inclusive o Ministro da Guerra. As franquias civis, denodadamente defendidas na imprensa, terão, no sentir de toda a gente, inclusive o Ministro da Guerra, de prevalecer plena e garantidamente. A anistia, pleiteada ardentemente nos jornais, virá dentro de dias, com a amplitude reclamada pelo Ministro da Guerra. De conselhos fascistas, apedrejados pelos jornais, não se fala mais, devendo prevalecer o republicanismo das câmaras eleitas pelo voto direto, como anuncia o Ministro da Guerra. A dignidade do poder judiciário, incompatível com os pretórios de exceção, como vem sustentando os jornais, é ponto assente no programa do Ministro da Guerra. Por outro lado, as provocações nos comícios, denunciadas pela imprensa, cessaram.
 Cessou também o agenciamento de sindicatos operários, graças aos veementes protestos aos jornais. Tudo leva a crer que não mais teremos o "19 de abril". O Ministro da Guerra acha que o governo não pode preparar aquela funçanata e ao mesmo tempo apoiar-lhe a candidatura, o que é claro, embora não o pareça aos

mentores do Ministério do Trabalho. É que eles estão atrasados. São ainda do tempo em que se amarrava cachorro com lingüiça, isto é, do tempo em que a candidatura do general Gaspar Dutra era somente engodo concebido pela didatura em causa própria.

Quem, senão a imprensa livre, revelou esse ardil e contra ele pôs de fogos acesos o general Ministro da Guerra?

Quem, senão a imprensa, mostrou ao Ministro da Guerra o estado de espírito da nação, levando-o, assim, a elaborar um programa de governo que definiu e consolidou a sua candidatura?

Ao encetar o Estado Novo a sua retirada, há quarenta dias, certamente pensava arranchar por perto, como arranchou, mudar de roupa, e cair de novo sobre o país aturdido e desprevenido. A liberdade de imprensa gorou-lhe o projeto. Não lhe resta, agora, senão precipitar-se e diluir-se na torrente da democracia.

## A BOM ENTENDEDOR...

*Apesar de rebrotada, a liberdade de imprensa era ainda um planta tenra e fraca, ameaçada por inimigos persistentes, como mostra Rizzini, aqui, no* Diário de S. Paulo, *neste artigo de 8 de abril de 1945.*

Na qualidade de diretor do departamento federal de segurança, o sr. João Alberto tem sido procurado por indivíduos habituados a medrar na sombra e na umidade que lhe pedem o restabelecimento da censura à imprensa.

Fiel aos compromissos assumidos voluntariamente com a nação, ao investir-se no mencionado cargo, o sr. João Alberto tem rechaçado semelhante desaforo e posto aqueles cogumelos reclamantes ao sol e à sequidão. Ainda anteontem, desfazendo boatos, declarou "não cogitar de quaisquer providências de arrocho e muito menos de estabelecer censura à imprensa".

No seu programa de candidato à presidência de nossa renascente democracia, o general ministro da Guerra escreveu o seguinte:

"Apraz-nos assistir presentemente ao espetáculo da livre manifestação do pensamento e da plena possibilidade de crítica, sem restrição alguma à imprensa do país".

Não é preciso por mais na carta para que o bom entendedor se certifique de que não há atualmente censura à imprensa e de que o próprio governo, pelo órgão do seu ministro da Guerra, com esse fato anda rejubilado.

Isto posto, em que se basearão algumas pessoas suspicazes para assoalhar que a palavra do sr. João Alberto não vale nada e que a palavra do general Gaspar Dutra vale tanto quanto a do sr. João Alberto?

Diz-se que contra fatos não há argumentos.

Evidentemente esse dito depende da qualidade dos fatos. Temos visto argumentos admiravelmente bem postos e fatos ridiculamente coçados. Temos também visto argumentos absolutamente desmoralizados.

Há de tudo nesse mundo de contradições e de subterfúgios.

Vamo-nos dedicar à decifração dessa esfinge. E como só queremos falar a verdade aos leitores, "a quem só a verdade devemos", não lhes voltaremos à presença senão com a esfinge decifrada. Se não voltar é porque fomos... devorados!

## LUZ NO CAMINHO

*Em comício realizado às portas do* **Diário de Pernambuco**, *um manifestante postado ao lado do orador, na sacada do jornal, foi morto a tiros por esbirros da polícia estadual, seguindo-se a esse fato a ilegal interdição do periódico. Neste artigo, de 11 de abril de 1945, publicado no* **Diário de S. Paulo**, *Rizzini comemora a vitória judiciária sobre tais arbitrariedades.*

*Para facilitar o entendimento, lembramos que o interventor truculento, que logo depois tornou-se ministro da Justiça, era Agamenon Magalhães, e ressaltamos que o Diário de Pernambuco e o O Jornal pertenciam ao mesmo dono, Assis Chateaubriand, fato que explica a simultaneidade de sanções por eles sofridas e denunciadas neste artigo. E, no Pacaembu, realizou-se o primeiro comício do Brigadeiro Eduardo Gomes, candidato de oposição à presidência da República.*

Interrompemos as nossas elocubrações acerca da esfinge, a que nos referimos no domingo, para soltar foguetes ao mandado de segurança que reintegrou o "Diário de Pernambuco" nos seus direitos de livre impressão e livre circulação. Na ordem jurídica é essa a primeira vitória da democracia brasileira, após os sete anos de menoridade a que esteve condenada.

O assunto é conexo com os nossos presentes estudos de astrologia, e sua solução muito nos auxiliou a engastar certo planeta desconhecido na constelação da pequena ursa. Isso significa, em linguagem profana que, em vez da citada esfinge nos devorar, seremos nós, provavelmente, que lhe iremos ao fígado, com música, em pleno Pacaembu. Outras esfinges, ainda que pareça mentira, hão sido assim alegremente jantadas.

Os leitores conhecem bem esse caso do "Diário de Pernambuco". Sabem que a mais antiga tribuna liberal da América do Sul foi sempre honrada com a raiva do sindicato que em Pernambuco representa os interesses gerais e particulares dos incorporadores do Estado Novo. Submetido permanentemente ao arrocho do "Dip", o "Diário" aguentou as mais duras afrontas, inclusive na sua esfera comercial e na sua rede circulatória, sem poder tugir nem mugir. O "O Jornal", do Rio de Janeiro, teve, de uma feita, cassada a sua isenção aduaneira porque ousou protestar contra os insultos salpicados à face do "Diário" pela piúva, com que o então interventor estadual, hoje instalado no Ministério da Justiça, escrevia os seus artigos nazistas numa gazeta concorrente, sustentada pelos cofres públicos.

Quando o chefe do governo federal devolveu à imprensa brasileira, num gesto magnânimo e gracioso, as suas sagradas e inauferíveis liberdades, o "Diário Velho", que há cento e dez anos nucleia a opinião liberal dos pernambucanos, saiu da picada de índio em que tacteava e abalou pela estrada larga e reaberta às aspirações nacionais. Deu, como é notório, meia dúzia de passos, e a camarilha discricionária - mais realista do que o rei - tolheu-lhe o avanço, em seguida a uma tremenda, trágica e sangrenta provocação. Tendo atacado à bala o povo inerme, reunido num comício e ferido outros manifestantes, a polícia do Recife cumulou na truculência fechando o "Diário". Era preciso descorar responsabilidades e, sobretudo, era preciso impedir fossem os fatos veridicamente narrados.

Mais de um mês permaneceu calado, de pistola à ilharga, o tradicional órgão republicano. Poderia circular, até convinha que o fizesse, desde que se submetesse à censura prévia, afim de não descarnar o atentado do governilho local contra os foros de cultura de Pernambuco. Resistiu o "Diário". Apelou para a palavra do presidente da República, solenemente empenhada na liberdade de imprensa. Apelou para a palavra do general-candidato, cujo programa é um epinício aos serviços incessantemente prestados pelos jornais à causa pública. Apelou para os princípios doutrinários e para os motivos transcendentes que haviam imposto ao mundo, com o sofrimento e o sangue dos países livres, o triunfo espetacular e rutilante das democracias.

Tudo em vão. Eis que apelou para a Justiça, a suprema força, a que os homens, no seu abatimento e na sua tristeza, tinham perdido o hábito de impetrar e as ocasiões de confiar. E a Justiça respondeu. E a Justiça acudiu. E a Justiça se fêz.

No árduo e sôfrego regresso do Brasil às paragens da legalidade, a concessão do mandado de segurança ao "Diário de Pernambuco" marca um momento alto e luminoso, um momento solar, capaz de compensar as atribulações da jornada, e, principalmente, capaz de restituir aos nossos corações essa imprescindível fé na altaneria dos destinos da Pátria sobre a maldade e a ambição dos seus impenitentes desfrutadores.

# EPISÓDIO JÁ VELHO

*Na década seguinte, neste artigo publicado no jornal* Última Hora, *a 29 de fevereiro de 1956, Rizzini recorda os tempos em que o DIP fazia e desfazia no cenário da imprensa brasileira. Ao recordá-los, fornece, além de informações sobre o modo de agir do órgão censório, um importante subsídio a respeito da simpatia pelo nazismo que encontrou guarida na cúpula do governo de Getúlio.*

A gente vai vivendo e vai vendo coisas. E não imagina, ao vê-las, que um dia, mais tarde, tenha de contá-las, retificando versões e restaurando a verdade.

Na recente troca de insultos entre o general Góes Monteiro e o senador Lourival Fontes, o parlamentar foi mimoseado com o epíteto de reacionário pelo antigo ministro da Guerra.

O passado distante do representante sergipano talvez justifique, não aquele duro qualificativo, mas certa tendência para os regimes autoritários, tão em voga ao tempo em que, saindo de Aracaju para "fazer o Rio", assentou praça na legião da imprensa.

Nunca consegui destrinçar, no oceano de contradições, sempre sibilinamente debulhadas pelo General Góes, se melhor nele do que no Senador caberia o referido epíteto.

Contra o ex-chefe da Casa Civil do presidente Vargas milita a diáfana circunstância de haver dirigido o DIP. Tê-lo-ia dirigido um democrata convicto? Mas, contra o General depõe o pequeno episódio, que desarquivo da memória e passo a narrar.

No início da última guerra eram visíveis, causando apreensões no espírito público, as inclinações do Governo externadas por atos e gestos do Ministério da Guerra, a favor do Eixo. A certo trecho, altas patentes, inclusive o Ministro, foram até agraciadas com condecorações alemãs. Calada pelo DIP, a imprensa não pôde rasgar a mordaça e protestar contra semelhante afronta à opinião e aos brios de 99% dos brasileiros.

Numa manhã de maio de 1942, estava o autor destas linhas posto em sossego na direção do "Diário de S. Paulo", quando recebeu um chamado do DIP. À tarde, em companhia do diretor do "Diário da Noite" carioca, o jornalista Austregésilo de Ataíde, apresentou-se ao sr. Lourival Fontes.

Embaraçado, hesitante, a pespegar narizes de cera, uns em cima dos outros, o diretor da abominada repartição não entrava no assunto. Bordejava a patrulha inglesa do Atlântico, aludia à "visita" de suas unidades a navios mercantes contrabandistas de armas, falava na dignidade dos países a cujas bandeiras pertenciam tais navios e... esperava a reação dos dois jornalistas.

Estes, porém, nada diziam. Apoiavam a ação da Inglaterra e não tinham por que declará-lo.

Por fim, falto de ponte, Lourival saltou o rio e caiu na outra margem. Chamara-nos para exigir-nos artigos reprovando as diligências da Armada Britânica e apontando-as como infratoras da soberania das nações sul-americanas.

Retrucamos que de maneira alguma cometeriamos semelhante infâmia. O DIP poderia coagir-nos a silenciar a verdade e o bem, mas não tinha forças para compelir-nos a propagar a mentira e o mal. Repelíamos a ordem.

Longe de aborrecer-se, Lourival condescendeu. "Também acho a ordem absurda - disse. Mas, trata-se de ordem da Presidência da República".

"Nem assim. Os nossos jornais batem-se pela vitória da democracia e não iriam criar no País um falso ambiente contrário à Inglaterra com a torpe exploração de suscetibilidades patrióticas. Jamais difamaríamos a fisclização exercida pelos britânicos contra o tráfico de armas do Atlântico".

À vista de nossa resistência, e sempre compassivo, Lourival achou melhor tirar a Presidência da República do caso, dele tirando-se também. E confidencialmente confessou-nos tratar-se de taxativa e arbitrária ordem diretamente remetida ao DIP pelo ministro da Guerra. Lemos, então, estarrecidos, um ofício reservado do general Góes Monteiro, em que, após perguntar se os jornais estavam ou não controlados pelo governo, mandava a Lourival chamasse os diretores de jornais e os obrigasse a atacar o patrulhamento britânico do Atlântico como atentatório da soberania das Nações do continente. Intriga soez, que, a um tempo, visava indispor a Inglaterra e os Estados Unidos com os brasileiros e a permitir o fluxo de munições de boca e de guerra para a frota de navios ligeiros e submarinos que infestavam as costas do Brasil, da Argentina e do Uruguai.

Semanas depois, graças, em parte máxima, à resistência da imprensa, o Brasil declarava guerra ao Eixo.

## A INDECÊNCIA

*Aqui, em artigo estampado na "Última Hora" de 16.3.56, Carlos Rizzini se insurge contra privilégios fiscais de que se beneficiavam os jornalistas. Voltou ao assunto em artigo do dia 19 seguinte e em outras datas posteriormente.*

*Por essa postura, que assumiu e manteve durante toda a vida, Rizzini revelou, além de oportuno senso de profissionalismo, a lucidez necessária para perceber que não podem criticar os privilégios aqueles que também os gozam.*

Tenho me manifestado repetidas vezes contra o tratamento de exceção dispensado pelo legislador brasileiro aos jornalistas. Não vejo e nunca vi motivo algum para que eles gozem de benefícios especiais, de favores exclusivos, de privilégios. São cidadãos, como os outros, profissionais como os demais, sujeitos aos mesmos êxitos e aos mesmos fracassos. Por que criar-lhes diferenciações, erigindo-os em classe à parte?

Um dos constantes escopos da democracia tem sido o da extinção das castas abolindo as condições que tornam "melhor" a existência de determinados grupos. O princípio da igualdade, pelo qual lutou a humanidade séculos e séculos, e que constitui a sua mais expressiva e fecunda conquista, não devia ser revivido num

País como o nosso, mais que outro qualquer necessitado de exemplos elementares e ortodoxos.

Grave, gravíssimo, foi o erro dos que, animados de impulsos políticos ou, melhor, eleitorais, isentaram de certos impostos os profissionais da imprensa. Por que colocá-los à margem dos contribuintes? A que título? Que argumento se invocará a seu favor, que igualmente não alcance os outros brasileiros?

Positivamente, os jornalistas não "merecem" essa piedosa distinção.

E as isenções fiscais trouxeram, na prática, consequências as mais desagradáveis para os verdadeiros jornalistas. Viram a sua classe infiltrada, inundada, aguada e desfigurada por adventícios de todas as origens, que nela se imiscuíram, por meio de ardis e solércias, com o único fim de "não pagar impostos".

Há pelo Brasil afora milhares de falsos jornalistas, alguns deles distintos em suas atividades, mas que não honram as nossas, até porque não as... exercem.

Observação curiosa em torno de tão inqualificável abuso é a de que as pessoas que invadem, por motivo reprovável, a nossa profissão, não toleram intromissões na sua. Vejam o que acontece, por exemplo, com os médicos: se descobrem um charlatão, de consultório aberto, chamam logo a polícia.

Existindo, porém, os privilégios fiscais, e não estando na alçada dos jornalistas revogá-los, o que há a fazer é impedir que as suas vantagens, continuando a atrair os aproveitadores, acabem por transformar a imprensa em autêntica terra de ninguém.

Enquadra-se nessa orientação o ato do Sindicato dos Jornalistas Profissionais, denunciando ao Governo do Estado os nomes dos plumitivos "fiscais" que, mediante documentos e declarações falsas, obtiveram isenções de impostos de transmissão, lesando o Tesouro Público.

A denúncia causou escândalo. Os supostos jornalistas só de um modo podem amenizá-la: pagando a correr o valor dos tributos desviados, sem esquecer de pagar também todas as anuidades do imposto predial, pertencente a Prefeitura. Precisam urgentemente desentalar-se da situação que o Governador, indignado, bem qualificou de "indecente".

# TODOS FOGEM À "CULPA"

*Em 1956, o governo Juscelino Kubitschek apresentou ao Congresso o projeto n° 1.943, destinado a reformar a lei de imprensa. Carlos Rizzini, neste artigo publicado na Última Hora de 10 de setembro de 1956 condenou a iniciativa. Depois, repetiu a condenação em vários outros artigos que se seguiram.*
*O Governador de São Paulo, aqui referido, mas não indicado pelo nome, era Jânio Quadros.*

As declarações do presidente da República sobre a nova regulamentação da lei de imprensa, ou sobre outra lei contrária à liberdade de manifestação do pensamento escrito, não são de molde a tranqüilizar a opinião pública. Infelizmente o sr. Juscelino Kubitschek não aparece, aos olhos da Nação, dominando os elementos e os fatores em choque nessa árdua e perigosa luta entre a reação obscurantista de certos círculos oficiais e a permanente consciência liberal da comunidade. Desde o desencadear da reação, a sua atitude é a de quem precisa conjurar embaraços e inquitações internas e ocultas, a fim de fixar as diretrizes peculiares à sua formação pessoal e aos seus compromissos políticos.

Noutras palavras: o Presidente não conseguiu ainda arredar as cercas de arame farpado que o impedem de alcançar o chão democrático que gostaria de pisar.

O momento é, portanto, de indecisão. Nenhuma segurança existe de que o projeto sem paternidade conhecida, surgido por artes do demo no seio da Câmara Federal, não venha a firmar-se, de súbito, aproveitando-se os seus encobertos autores de alguma brecha na vigilância dos defensores da Constituição e dos postulados liberais.

O seu anonimato, contrariando uma das regras que pretende impor aos jornais, milita contra ele, além de evidenciar não ter partido de fonte natural e própria: o Ministério da Justiça ou algum mandatário eletivo encarregado da elaboração das leis. De onde teria emanado? Certamente de poder estranho, de fato, e animoso. Há que temê-lo!

A mesma fuga deliberada à responsabilidade está ocorrendo, agora, quando se torna preciso que alguém apresente aquele ou outro projeto ao Congresso. Ninguém quer para si a "culpa". As sucessivas reuniões de líderes da Câmara entre si, com o ministro da Justiça e com o Presidente visam sobretudo a ver a quem afinal caberá a "culpa". Trata-se de uma má ação, que ninguém quer praticar "coram populo".

São Paulo, ao contrário, não foge, de modo mais público e categórico, a opor-se à insânia dos que pensam remediar o abuso de uma liberdade essencial ao regime pela supressão do seu uso. Se a primeira figura do Estado, o sr. Governador, se omite atrás de suas opiniões contraditórias, uma aqui e outra no Rio de Janeiro, em compensação os profissionais da imprensa têm recebido o quente entusiasmo da mocidade acadêmica.

Concito essa mocidade à sustentação do princípio fundamental do exercício jornalístico: Liberdade absoluta na exteriorização do pensamento, respondendo cada um pelos abusos que praticar. É o princípio secular adotado pela nossa Constituição.

## ALGUNS PONTOS DA QUESTÃO

*Este artigo, na* Última Hora *de 17 de setembro de 1956, dá continuidade aos ataques de Rizzini ao projeto de lei de imprensa.*

*Tomamos a liberdade de cortar um trecho inicial do artigo, pois repete, em parte, exposição sobre a história da legislação, que Rizzini já nos oferece em outros textos transcritos neste livro.*

Se apreender a edição de um jornal equivale a aplicar-lhe a censura prévia, não há argumento algum, de fonte alguma, de nenhuma origem, capaz de justificá-lo diante da Constituição, diante do regime ou diante da opinião pública. Equivale. Tanto importa impedir a impressão de um escrito como impedir a sua divulgação depois de impresso; com a diferença para pior que neste caso há prejuízos morais e materiais irreparáveis. A autoridade policial encarregada dessa estúpida ilegalidade pode, a seu alvedrio, liquidar com os jornais da oposição ou da sua pessoal desafeição. Bastará interditá-los cinco ou seis vezes por ano, pouco lhes importando que a Justiça anule os atos policiais. Quem os indenizará de não ter circulado? De outro lado, a quem responderá a autoridade coatora pela sua vilania?

A fronteira entre a crítica jornalística e aquela coisa indefinida a que os neo-absolutistas chamam de incitamento à subversão da ordem é, para o jurista, indemarcável. Imagine-se para a mentalidade obtusa do policialismo! Se uma gazeta amanhã convocar o povo a um protesto público contra o custo exagerado do pão, estará tentando subverter a ordem? E se o protesto for contra o aumento dos impostos? Contra as ladroeiras, os peculatos, as concussões, as violências?

Esse é o real ponto nevrálgico da questão. Subordinar a vida normal e correntia da imprensa ao capricho de autoridades policiais, quando as polícias são em geral repartições desorganizadas, ineptas, mal formadas - é absurdo tão patente, indecoroso e revoltante, que, a prevalecer, aconselharia o jornalismo brasileiro, não a um dia simbólico de greve, mas ao fechamento voluntário até a consumação dos séculos.

A ignorância palmar dos indivíduos que sustentam as vantagens de acabar com a liberdade de imprensa não anima a ninguém dar-lhes lições, evocando os ensinamentos da doutrina e da experiência. Senão, poderíamos trazer-lhes à vista um dos mais famosos documentos a favor da continuidade daquela liberdade. Faremos isso em reforço à atitude dos bons cidadãos. Em 1804, um conselheiro de Dortmund queixou-se a Frederico Guilherme, da Prússia, da censura feita no periódico "O Admoestador de Westphalia", ao desleixo da Câmara, não consertando certa ponte sobre o Ruhr. Respondeu o soberano que tudo dependia de ser ou não fundada a censura. "No primeiro caso, a Câmara devia antes agradecer ao autor e ao editor, em vez de dar-lhes trabalhos; no segundo, deveria contentar-se com provar a falsidade da asserção, propondo os competentes procedimentos judiciarios". A divulgação dos erros e das arbitrariedades das autoridades - aduzia - era a mais segura garantia, tanto para o governo como para os súditos, contra o mau comportamento dos funcionários e dos homens públicos. Merecia ser animada ao máximo. E terminava assim a Ordem: "Espero que a disputa não tenha causado a coisa, isto é, o esquecimento de consertar a ponte arruinada".

## CASO DE CENSURA PRÉVIA

*Em 24 de setembro de 1956, data deste artigo de Rizzini na* Última Hora, *já se sabia que o malfadado projeto fora redigido no Ministério da Educação, cujo titular era Nereu Ramos.*

Uma das tristes coisas da nossa era é a ignorância dos indivíduos chamados a intervir em assuntos e debates que exigem deles um mínimo de conhecimentos gerais. Veja-se, por exemplo, o caso do líder da Câmara Federal, a quem, por força da função que exerce, o Governo cometeu o encargo de encaminhar o seu projeto de lei contra a liberdade de imprensa. Desconhece ele de tal modo, a tal ponto, as origens, a conceituação, a experiência e os efeitos daquela liberdade, que mistura e confunde as limitações que lhe têm sido opostas ao longo dos séculos. Não distingue censura prévia de censura posterior, aquilo que previne daquilo que reprime. Para ele, a medida proibitiva da circulação de um jornal é... repressiva!

Se o representante do PSD baiano, antes de aventurar-se a defender absurdos e ostentar a sua clamorosa incultura na Câmara, se desse ao trabalho de perlustrar alguns compêndios sobre a história do jornalismo, e de passar a vista na história politico-social da Inglaterra seis e setecentista, poupar-se-ía ao dissabor de converter-se em alvo da irrisão pública.

Como o leitor talvez suponha que exageramos, reproduzimos um trecho "ipsis verbis" das declarações do doutor Melo: "Os líderes vetaram a apreensão de jornais. Não poderiam fazê-lo. Ou se admite a liberdade total da imprensa, sem o confisco de jornais, ou não se admite". No parco raciocínio do líder, o que não assegura a liberdade total é o... confisco! E quem falou em liberdade total?

Há, porém, mais e melhor. Observando alguém que o confisco implica censura prévia, medida esta inconstitucional, retrucou o doutor: "Não acho que a apreensão se confunda com a censura. A apreensão é total, a censura é parcial. A censura se verifica dentro do jornal, a apreensão é feita na rua. O que se tem em vista é impedir a circulação do órgão subversivo: não é proibir a sua impressão". Valerá a pena esvurmar semelhante tolice? A apreensão, de fato, não se confunde com a censura prévia: é a própria censura prévia piorada. Como matar um homem, em casa ou na rua, não o deixa vivo, aplicar a violência contra um escrito, na rua ou em casa, também não o deixa circular. O que caracteriza a censura prévia é o impedimento do uso da liberdade de exteriorização do pensamento. Tanto vale obstar a publicação de um artigo ou de uma notícia antes da sua impressão, como obstá-la depois da impressão, mas antes da sua distribuição ao público. Achar, como acha o líder, ser o objetivo do projeto evitar a circulação e não a impressão do órgão tido por subversivo, é rematada parvoice, pois nada adianta imprimir aquilo que não circula. De resto esse achado só serve para confirmar o caráter de censura prévia do confisco.

Acreditamos que com tal advogado, o projeto dos srs. Juscelino Kubitschek e Nereu Ramos está antecipadamente condenado à morte. Se a causa não fosse indefensável, mesmo nas mãos de pessoas capazes, aconselharíamos a ambos exercessem rigorosa censura prévia sobre os discursos do líder.

# MARCHA (TÍMIDA) À RÉ

*Afinal, o inoportuno projeto acabou retirado. Na Última Hora de 5 de outubro de 1956, Rizzini prevê esse desfecho e ressalva nem ser do feitio de Juscelino perseguições à imprensa.*

O Governo Federal, ao que parece, está recuando do seu propósito de amordaçamento da imprensa. Corria ontem no Rio, como certo, ter o Presidente devolvido o anteprojeto elaborado no Ministério da Educação para reexame. Já o leitor está imaginando a cara do titular da pasta, o sr. Neneu Ramos, que, após tantos anos de exemplar conduta democrática na Câmara e no Senado, deixou-se "subverter" por forças estranhas a ponto de liquidar, a preço de ocasião, o seu passado realmente impoluto de homem público. E a cara dos juristas, jurisconsultos e jurisperitos, que se comborçaram na renegação do que aprenderam na Faculdade, para, atendendo a imposições intoleráveis, macular as tradições jurídicas e o espírito liberal da Nação?

Segundo o que constava, no Rio, o sr. Juscelino Kubitschek, impressionado com a resistência oposta pela opinião e com as ponderações de congressistas mais chegados ao Catete, alguns dispostos a reagir nos plenários, e também levando em conta as formais declarações em contrário formuladas pelos governadores do Rio Grande, Pernambuco e Bahia, resolveu buscar nova solução, que, ressalvando aparências, venha livrá-lo de um ato pernicioso ao seu futuro e ao futuro de sua administração. Essa nova solução seria a substituição da censura prévia por meio de confisco de jornais - violência condenada pela Constituição - por uma providência admitida na legislação da França. Tratar-se-ia de uma proibição a posteriori, e portanto repressiva, cuja desobediência implica em apreensão.

Dadas as evasivas frequentes do chefe do Governo, não é de admirar o presente retrocesso. Na verdade, o sr. Kubitschek nunca pareceu entusiasta da supressão da liberdade de imprensa. É possível que no seu ânimo tenha também influído a dúvida sobre o êxito do anteprojeto. Ainda há dois dias, o deputado Rogê Ferreira afirmou que ele não seria aprovado na Câmara. Vale a pena, ao situacionismo federal, arrebentar-se numa derrota parlamentar, mormente num caso, como esse, que não lhe calha bem?

E o Governo fortificou-se, ultimamente. Tem havido, nos meses derradeiros, mais vendas, mais investimentos, mais financiamentos e mais dólares. Portanto, tem crescido (ou brotado) a confiança na sua ação.

Um Governo forte teme pouco as ameaças desamparadas do sentir do povo.

## OS EFÊMEROS TIMONEIROS

*Aqui (Última Hora de 16 de outubro de 1956), o assunto é outro, não mais o projeto de lei de imprensa do Poder Executivo, mas, sim, a tentativa, aliás infrutífera, do Ministro da Viação para estabelecer restrições à liberdade do rádio e da TV, utilizando, como executores da tarefa, os governadores dos Estados. Esse tema foi objeto de dois outros artigos de Rizzini, a 13 e 22 do mesmo mês.*

*O governador de São Paulo era Jânio Quadros.*

Discordamos do ilustre Consultor-Geral da República no seu revide à decisão do Governo de São Paulo, de não dar cumprimento à portaria do Ministério de Viação contrária à liberdade de manifestação do pensamento através do rádio e da televisão.

Embora o chefe do Executivo paulista não costume reconhecer nos outros o uso de direitos, dos quais gosta de abusar - cabe-lhe, como cidadão, e como administrador público, recusar cumprimento a determinações ilegais. Segundo os filósofos do direito, esse cabimento importa, nos homens retos, em dever. Ora, mais do que ilegal, a referida portaria é patentemente inconstitucional.

Tratando-se, a exploração do rádio e da televisão, de concessão do Poder Central, tem este em si elementos de regulação, ao firmar, com as partes, os competentes contratos. Se os contrai irregularmente, sem concorrência pública, e neles não faz prevalecer os interesses, que agora julga indispensáveis, culpe-se, e arrependa-se, e emende-se, mas não tente recuperá-los por meios ilícitos.

Evidentemente, o Ministério da Viação, entre as cláusulas de concessão, pode incluir, por exemplo, a da não irradiação desta ou daquela matéria. A parte decidirá se lhe convém uma concessão assim restringida. Entretanto, assinado o contrato sem limitações, não é possível, posteriormente cerceá-lo com imposições ofensivas às franquias comuns, não renunciadas em tempo oportuno pelo contratante. No término das concessões vigentes, imponha o Ministério as suas vistas ou os seus caprichos, se puder.

E o governador de São Paulo não agiu, no caso, impensada ou atrabiliariamente. Ao contrário, agiu dentro da sua esfera e fundado no concludente parecer de uma comissão tão hábil e capaz, quanto as melhores que à sua roda pudesse compor o provecto Consultor-Geral da República.

Também não nos parece próprio o termo obediência utilizado no revide. Negamos seja o indicado para qualificar a relação funcional entre um governador e um ministro. O primeiro não deve obediência ao segundo: deve acatamento às suas determinações, desde, porém, que enquadradas em atribuições regulares e em forma legal.

Acontece que a portaria em causa foge a tais condições. Se pudesse existir, teria de brotar de outra fonte: a do Ministério da Justiça, único capacitado para disciplinar o exercício de direitos e franquias.

Esperamos, malgrado o azedume do Consultor-Geral, que a atitude louvável e legítima do Governador contribua para um reexame da portaria, em benefício do cabedal de liberdades cívicas do País, contra o qual se voltam no momento as iras dos seus efêmeros timoneiros.

# O GOVERNO E A CRÍTICA

*Neste artigo, na Última Hora de 25 de fevereiro de 1957, Rizzini explica como distinguir no noticiário dos jornais o "animus narrandi", que retira o caráter delitivo do escrito por excluir dele a intenção de ofender a honra alheia; por excluir, portanto, o dolo.*

*A crítica, incidental aqui, à lei de imprensa vigente parece indicar que Rizzini não aceitava de bom grado a responsabilização penal, por falta do autor, do diretor do jornal, segundo previsto no artigo 26 da Lei 2.083, de 1953.*

É um tanto delicado aquilatar-se quando a crítica da imprensa, muitas vezes lançada ao calor da indignação provocada pelos fatos, excede de justos limites. Existe, contudo, um meio de aferi-la. Visa ela algum interesse estranho à medicação dos fatos criticados? Surpreende-se na crítica qualquer partido, facção, intuito encoberto ou propósito subalterno? Não? Então ela, por ácida que seja, não ultrapassa as suas naturais fronteiras.

Quando um repórter expõe no seu jornal o caso de um achaque perpetrado por determinada autoridade, citando nomes, lugares e circunstâncias, não injuria nem calunia ninguém, eis que nada inventa e não está possuído do ânimo de fazer mal a ninguém. Pressupõe-se apenas, dentro da sua esfera de trabalho, a alcançar reparação para as vítimas e punição para a autoridade desonesta. Presta pois um relevante serviço ao Governo, pondo-o em condições de repulsar um erro e um delito, dos quais talvez não viesse a ter conhecimento.

Diante da denúncia pública, o Governo pode não lhe dar importância e pode mandar abrir um inquérito pró-fórmula em que nada apure. Pode também cumprir o seu dever, confiando o inquérito a uma autoridade superior digna, que as há. O que não pode, senão excedendo às regras do bom senso comum e às linhas da rudimentar ética administrativa, é mandar processar o repórter, como se fosse ele o autor dos males que apontou e para os quais pediu providências.

O simples fato de depender do Governo, dono da polícia, a verificação do abuso ou do delito praticado pela autoridade acusada pelo repórter, devia pô-lo em guarda contra a facilidade de processar o mesmo repórter, pois, evidentemente, em querendo, a polícia não apurará o crime em causa, por mais claro e mais manifesto que seja.

    Desse modo, empolgando o Governo a despótica prerrogativa de não constatar a culpa do denunciado, como se admitirá compareça à Justiça para acusar o denunciante de ter alegado aquilo que ele, Governo, oculta e sonega?

    Raríssimamente, as notícias dos jornais veiculando abusos de autoridade partem de outro ânimo que não o de narrar, apontando-os à providência do Governo. As exceções, vivamente repelidas pelas direções dos jornais (geralmente as últimas a saber delas, pois só um imbecil, parente do legislador da vigente lei de imprensa, imagina que tais diretores lêem todas as colunas, linha a linha dos seus diários); as exceções merecem por certo reprimenda e punição.

    Nos numerosos processos de imprensa movidos pelo atual Governo, nenhum, que saibamos, revelou da parte dos processsados vislumbre de intuito reprovável. O que todos os processos têm demonstrado é o intuito do Governo, isto sim, de escapar por meio deles ao precípuo dever de dar ao público explicações dos seus atos e de suas omissões. Simultaneamente com eles, processos, objetiva calar a crítica, à qual se supõe, por força de um estrabismo incurável, superior e altaneiro.

    Fugir a explicações consegue o atual Governo, e outro qualquer, a que falte a consciência dos princípios democráticos. Mas calar a crítica, nem ele nem nenhum. O exercício da crítica não flui da formação intelectual e espiritual dos acidentais detentores do Poder. Flui de um estado de desenvolvimento político inteiramente estranho a esses figurantes de ocasião. E não há neste País juízes que reneguem as instituições e o patrimônio cultural de que são os vigias para condescender com o sobismo e o primarismo daqueles que as não entendem e respeitam.

# LISBOA, PARIS E SANTOS

*Rizzini reporta-se neste artigo (*Folha da Tarde *e* Folha da Noite, *de 27 de agosto de 1958) a dois abusos praticados contra jornalistas brasileiros na Europa dias antes, para compará-los às restrições sofridas pela imprensa em Santos, por ocasião de visita do Ministro da Guerra..*

Não há diferença sensível entre cassar a carteira de um jornalista de "O Estado", como fizeram autoridades francesas, expulsar um jornalista das FOLHAS do território nacional, como fizeram autoridades portuguesas, ou impedir que jornalistas brasileiros exerçam normalmente suas funções, como fizeram autoridades de Santos, não sei se civis ou militares, durante a visita do ministro da Guerra, em fins da semana passada, a corporações e entidades da cidade litorânea, inclusive a Petrobrás de Cubatão. Nos três casos houve violentação do princípio geral da liberdade de imprensa e infração da regra do livre acesso dos jornais às fontes de informação. O que diferencia os dois primeiros casos, o de Lisboa e o de Paris, do outro, de Santos, é apenas a duração da prepotência. Lá demorada, aqui transitória.

Acredito piamente que nada houvesse a ocultar da imprensa, quer no coquetel oferecido ao general Teixeira Lott, quer nas conferências entretidas em Santos, quer na inspeção à Usina de Cubatão. Tratam-se de cerimônias usuais e correntes, precisamente daquelas que os jornais registram, com despesas e canseiras, com o único propósito de homenagear e distinguir as personalidades nelas presentes. É um velho hábito da imprensa, o de exaltar as figuras destacadas da política e da administração, mostrando-as em atividade e ocupadas com os interesses públicos. Criar embaraços a esse velho hábito, sem alvo algum e sem nenhum motivo, é simplesmente amar a violência pelo seu próprio sabor.

Os jornalistas encarregados da cobertura da visita do ministro da Guerra doeram-se com as repetidas descortesias e desertaram. Agiram bem. É o que devem praticar sempre. Já é tempo de compreenderem as autoridades brasileiras que o jornalismo é uma profissão merecedora de respeito geral. E é uma profissão tão importante que sem o seu exercício os acontecimentos não existem. Os da passagem do general Teixeira Lott por Santos e Cubatão, por exemplo, só são conhecidos pelas incompletíssimas notícias insertas nos jornais. Ficaram quase inéditos.

## NÃO CALHA

*Em 23 de janeiro de 1959, neste artigo publicado pelo* Diário de S. Paulo, *Rizzini expõe sua opinião a respeito das agências de propaganda de origem estrangeira e sua denunciada influência no jornalismo brasileiro.*

Os nacionalistas de fancaria, quase todos metidos em bons negócios à sombra de um "chauvinismo" de encomenda, fingem acreditar (ou, por ignorância, acreditam mesmo), que o imperialismo estrangeiro exerce poder na imprensa brasileira através de anúncios. Não lhes convém notar no absurdo de representarem esses anúncios percentagem ínfima na receita normal de qualquer empresa jornalística. A chamada publicidade institucional, conforme tive ontem ocasião de explicar é magra e insignificante. Partindo, porém, do falso e conveniente pressuposto de ser ela gorda e significante, o deputado Dagoberto Sales, no seu relatório sobre as atividades de companhias alienígenas de combustíveis, na respectiva Comissão Parlamentar de Inquérito, chegou ao disparate de sugerir a interdição das agências estrangeiras de propaganda, acusando-as da distribuição dos anúncios... "subornadores". Mais natural seria, se de algo natural se pudesse falar em meio aos inaturais argumentos do relator, que se interditassem as próprias companhias americanas e inglesas de gasolina e óleo e não as agências que as ligam publicitariamente aos jornais brasileiros. Não tenho nem quero procuração das agências estrangeiras para defendê-las. Tão pouco as defendo. Não deixarei, porém, de testemunhar aqui, na qualidade de escriba que por mais de vinte anos dirigiu jornais em São Paulo e no Rio, a correção dessas agências, o seu espírito profissional limpo e isento de parcialismo e interferências e, sobretudo, o magnífico serviço prestado ao adiantamento da publicidade no país, no tocante à técnica e à arte, na ideação e na feitura dos anúncios. A expansão da imprensa brasileira, datável do decênio seguinte à primeira grande guerra, resulta em parte ponderável da colaboração das agências estrangeiras de propaganda. Abordando o aspecto do cerebrino poder econômico das companhias distribuidoras de combustíveis, deixei de lado a não menos cerebrina, e insultante, vocação subordinativa dos jornalistas brasileiros, implícita no relatório do sr. Dagoberto Sales. Que dizer a isso? Que o sr. Sales é um leviano, um inconseqüente? Que a dignidade e o patriotismo estão hoje monopolizados pelos negocistas das confusões petroleiras, petroleosas ou petrolistas? A suposição pode calhar com as vistas do relator na Comissão Parlamentar de Inquérito, mas não calha com a verdade.

## MOENDA DE ULTRAJES

*Neste artigo, dado a publico no* Diário de S. Paulo *de 26 de julho de 1961, Rizzini critica a Lei nº 2.083, de 1953, então vigente, que previa prazo prescricional de apenas um ano para as ações penais. O prazo, realmente curto, fazia com que praticamente todas as ações por crime de imprensa terminassem no arquivo, vitimadas pela prescrição.*

*É interessante observar que Rizzini, sempre um ardoroso defensor da liberdade de imprensa, aqui, em contrapartida, cobra dos jornalistas um comportamento responsável. Ele via mais longe que os fuxiqueiros imediatistas. Para ele, deveria ser sempre respeitada a veracidade da informação, pois só respeitando a verdade poderia o jornalista manter íntegra a sua dignidade profissional.*

Na parte substantiva - capitulações e penas - não há o que modificar na lei de imprensa. O que reclama modificação é a sua parte processual, cuja ineficiência é notória. Os injuriadores, caluniadores e difamadores, andam à solta mau grado as medidas judiciárias das suas vítimas. Há a respeito casos de espantar, como o de certo libelista carioca que, para se destacar da sua natural mediocridade, montou uma moenda de ultrajes. Investiu no seu volantim contra meio mundo. Nenhuma das muitas ações contra ele movidas logrou êxito.

A propósito desse insultador público, o presidente Juscelino contou-me a seguinte passagem. Certa vez o reporter francês Cartier, visitando-o em palácio, perguntou-lhe se, de fato, como ouvira dizer, no seu governo a liberdade de imprensa sofria mossas ou restrições. Respondeu-lhe o Presidente que a respeito preferia calar. Desse o reporter umas voltas pela cidade e visse com os próprios olhos. Certamente encontraria a resposta em forma concreta e indiscutível. Dias depois Cartier reapareceu com um avulso na mão (do aludido foliculário), em cuja capa enchendo-a toda, estava a efigie do Presidente bordada com o seguinte letreiro graúdo e vermelho: "J.K.: sindicato de ladrões". Mostrando o corpo de delito, o francês foi dizendo: "Presidente, trouxe-lhe a resposta, terrível resposta, à minha pergunta de outro dia sobre a liberdade de imprensa. No Brasil, pelo visto, o que vigora não é a liberdade, mas a licença, o despejo, a impudência, a irresponsabilidade. Nunca vi nada de parecido nos países onde andei. Disseram-me que aqui não havia liberdade de escrever; o que não há é repressão aos seus abusos. Que providências o Presidente tomou contra o difamador?" O sr. Kubitschek retrucou que nenhuma. Por três razões: era do seu gênio desprezar ofensas, em cujo efeito não acreditava; se, cheio de razão e na sua alta posição, recorresse aos meios repressivos legais, teria de vencer, e isso era duvidoso em virtude da lassidão da lei processual; e se de outro modo revidasse, não escaparia à íntima censura de comprometer a sua autoridade de chefe da Nação. Desse modo, o aconselhável era deixar o flibusteiro entre as suas assacadilhas.

O Presidente pensou e agiu bem. As ofensas, em outras ocasiões repetidas no mesmo pasquim, não o atingiam. Batendo às portas da Justiça acabaria no cipoal da chicana e por fim no desalento da prescrição. O réu livrar-se-ía ovante. Vários processos sofreu e sofreria ele. Ganhou-os todos e, afamando-se, ao modo dos salteadores de estradas da laia de Mandrin e dos corsários do mar da bandeira de Salé, ganhou também uma eleição. Hoje é deputado. E metido a sério.

## BANCA E MESA

*Rizzini sempre defendeu a preparação dos jornalistas em nível universitário. Aqui (Diário de S. Paulo, 29.8.61) e em vários outros artigos (Diário de S. Paulo, 4.8.61, 14.1.62 e 8.6.62), esgrimiu seus argumentos elogiando e defendendo o Decreto 51.218, de 22 de agosto de 1961, cujo artigo primeiro franqueava a profissão de jornalista, daí em diante, só para quem fosse portador de diploma de curso de jornalismo conquistado em escola reconhecida pelo governo federal.*

*O Presidente credor dos cumprimentos do articulista agradecido, e de nome não enunciado no artigo, era Jânio Quadros.*

Cumprimenta-se o presidente da República pelo decreto sobre o registro profissional dos jornalistas. Afinal venceu o princípio da preparação, do estudo, do conhecimento, sobre a esfarrapada teoria do jeito, da embocadura, da bossa. Um americano diria que o decreto liquidou com a velha sandice do "born, not made", o que em português de rua quer dizer que liquidou com a crença de que "quem é bom já nasce feito". Bom ou mau, quem nasceu há de fazer-se, e fazer-se queimando as pestanas e frigindo os miolos. O pendor, ou a vocação, influi sem dúvida na vida profissional, mas do seu êxito não decide sem o saber. Por isso, entre as coisas grandes existem sempre as maiores.

Data de 60 anos a luta pela elevação do jornalismo à categoria universitária. Duas figuras eminentes, Pulitzer e Hearst, divergiram sustentando-a. Ambos reconheciam a valiosa contribuição do tirocínio, mas, insistiam, fundado no conhecimento. E apontavam, como exemplo fácil, a medicina. Um médico sem teoria seria um intrujão e um médico teórico seria um diletante. Preciso era reunir a banca de aula à mesa do hospital.

Sempre houve bons jornalistas sem curso. Hipólito da Costa, Quintino, Alcindo Guanabara, Júlio Mesquita, Abner Mourão e dezenas de outros foram jornalistas de tope sem estudos especializados. E quantos, pela mesma deficiência, foram reles escribas? As qualidades individuais marcantes superam a especialização. Pode-se, entretanto, perguntar, se tais qualidades, impulsionadas pelos estudos próprios, não produziriam frutos melhores e mais doces.

Acresce que o jornalismo hodierno parece pouco com o de ontem e quase nada com o de anteontem. Eis uma atividade que se transfigurou à força de se desenvolver. O jornal moderno é cada vez mais uma coletânea atualíssima de informações céleres, de reportagens vivas e de comentários do dia. Requer uma corporação ativa e culta, a par dos problemas nacionais e das questões mundiais, um quadro versátil apto a tratar com segurança os mais variados assuntos. Os seus componentes devem possuir amplos conhecimentos gerais e superiores além de saberem, por terem aprendido, como adaptá-los às exposições claras e simples.

Há muitos anos venho defendendo a necessidade de se instruir e ilustrar a classe dos plumitivos. A propósito reuni em 1953, num opúsculo publicado pelo Ministério da Educação, observações colhidas em Universidades Americanas, notadamente na pioneira, a de Missouri. Folgo, portanto, com o decreto em apreço.

Resta ao Governo imprimir às Escolas de Jornalismo existentes no círculo universitário o sentido prático que lhes falta. Nenhuma possui laboratório, isto é, departamento de aplicação, o que torna o ensino apenas teórico. É imprescindível, agora, que o ensino não se limite à banca. Urge adicionar-lhe a mesa do hospital. Noutras palavras, as cadeiras técnicas, como redação de jornal e revista, e publicidade, exigem uma parte prática, a qual por sua vez reclama dotações adequadas.

## EXPULSÃO DOS VENDILHÕES

*Sempre querendo valorizar e moralizar o jornalismo, Rizzini, neste artigo (*Diário de S. Paulo*, 24.11.61), volta a condenar os privilégios concedidos naquela época aos jornalistas.*

O Tribunal de Justiça da Guanabara cassou o mandado de segurança concedido a um "jornalista", isentando-o da sisa numa compra e venda de quatro milhões, porque verificou haver ele se inscrito no respectivo sindicato 48 horas antes de efetuar a operação. Concomitantemente veio ao conhecimento público fato ainda mais escandaloso. Certo dono de bombas de gasolina, useiro e vezeiro em fraudar o mecanismo delas, furtando os fregueses, preso preventivamente em processo regular onde se apuraram continuadas infrações, foi recolhido a um quartel de polícia, também na Guanabara, por ter exibido ao juiz julgador carteira de "jornalista". Sabe-se que esse indivíduo entrou com dinheiro para o financiamento de certo órgão carioca, como tem entrado com capitais para diversos fins, inclusive "boites".

É por essas e outras que há muitos anos, em artigos, em conferências e aulas, venho me batendo pela extinção dos malsinados privilégios ilegal, absurda e anti-socialmente atribuídos aos jornalistas (sem aspas) profissionais. A única razão que leva comprimida fieira de espertalhões a penetrar na classe dos trabalhadores da imprensa é a isenção fiscal. Invadem-na ardilosamente com a finalidade visível de não pagar o imposto de renda, o imposto intervivos e o predial, e ainda para desfrutar de concessões em determinados transportes.

O governo, no momento tão interessado em atenuar os deficits agravando truculentamente os impostos diretos e indiretos, devia aproveitar o ensejo para abolir a iniquidade de isentar das contribuições, a que todos os brasileiros estão obrigados, escolhidos setores de atividade. Com essa medida os outros setores seriam aliviados da carga que suportam sós. Por que, afinal, os magistrados, os professores e os jornalistas não arcam com o imposto de renda, precisamente o mais equânime dos ônus? Em que se diferenciam eles dos mais brasileiros?

 A extinção do privilégio fiscal, intolerável nas democracias e por todos os títulos odioso, além de propiciar receita ao Estado, traria a todos os cidadãos aquela igualdade de condições de vida sem a qual a sociedade não se equilibra e não se ordena.

 No caso particular dos jornalistas, importaria em retirar a profissão do mercado de apetites que tanto a perturba e desossa. Positivamente é preciso acabar com os falsos redatores, com os proprietários de boletins comerciais e industriais, com os donos de periódicos irregulares que, confundindo intencionalmente uma atividade intelectual com a mais reles cavação, a deslustram e inferiorizam. Paguemos com alegria, até porque pagando os impostos que todos os nossos concidadãos pagam apenas estaremos cumprindo o nosso dever.

*Rizzini voltaria a este assunto em outros artigos.*
*Por fim, na década de 60, teve oportunidade de aplaudir a extinção dos condenáveis privilégios neste artigo, de 28 de julho de 1964, publicado no* Diário de S. Paulo *sob o título de* **Não pactuar com os erros** *e aqui transcrito apenas parcialmente:*

 Vejo que a extinção do privilégio aos jornalistas de não pagarem os impostos de renda, de sisa e predial, tem recebido censuras. A nenhum outro profissional mais que ao jornalista ocorre o estrito dever de não gozar de exceções. Com que autoridade verberaria as conferidas a outras classes ou por elas arrogadas?

*Quando caiu o último privilégio - redução de 50% nas passagens aéreas - Rizzini comemorou (*Diário de S. Paulo, *7.12.66), mesmo porque acreditava que a defesa permanente da liberdade de imprensa sofria os reflexos negativos de quaisquer favorecimentos aos jornalistas. O privilégio injusto viola a igualdade de direitos entre todos, como lembrou neste trecho do artigo (*Diário de S. Paulo, *7.12.66) intitulado* **Cai mais um privilégio***:*

No nosso sistema político, larvado que seja de mil defeitos, a base mais importante é a igualdade de direitos e obrigações. Todos os privilégios, máximos e mínimos, reclamam supressão. Nos de ordem financeira, impostos e ônus, toda isenção recai no erário, que a transfere ao povo, resultando que os privilegiados a fruem à custa dos não privilegiados.

## INSTRUMENTO PÚBLICO

*Rizzini nos mostra neste artigo conciso, mas sutil e lúcido, a relação que se estabelece entre a liberdade de imprensa e a opinião pública. Foi estampado no* Diário de S. Paulo *de 11 de maio de 1962.*

Falando nas festividades da Semana da Vitória sobre o velho tema da liberdade de imprensa, abordei o seguinte aparente paradoxo: como se explica que não gozando o público daquela liberdade, por não ter meios de utilizá-la, defende-a com ardor e mesmo com paixão?

A liberdade de imprensa é, na realidade, exercida, entre nós, pelos donos ou diretores de empresas jornalísticas. A esse pequeno grupo está, com exclusividade, reconhecido o privilégio de usar de uma franquia para cujo advento e conservação bateu-se e bate-se a humanidade em peso.

Mas, como? A liberdade de imprensa, a mais famosa, a mais desejada e a mais frágil das liberdades, a mais alcandorada das conquistas modernas, é pertence, propriedade, monopólio de umas tantas dúzias de cidadãos? Evidentemente defrontamos um absurdo, ou um equívoco. Equívoco. Equívoco de fácil explicação. Reside no teimoso pressuposto de serem os jornais os mentores do público, quando é o público o mentor dos jornais. Estes fornecem-lhe os fatos, as ocorrências, os dados, os esclarecimentos, os comentários, os termos de comparação, que informam a opinião coletiva, mas não a formam. Ela resulta da ação desses vários fatores no fundo sensível, na tela impressionável, de convicções, tradições, credulidades, conceituações e tendências que, repetidas na maioria dos indivíduos de um mesmo âmbito social, constitui o modo comum de ver e de pensar. É a este fenômeno que chamamos opinião pública.

Por mais que nos pareça divergirem entre si os indivíduos, eles em regra se prendem e encadeiam nos elos de ideais, costumes e necessidades gerais e genéricos. As divergências preparam as transformações da sociedade ao longo do tempo; vistas num certo momento são tão perceptíveis quanto o crescer das plantas.

Dizia Mirabeau reputar tão valiosa e preciosa a liberdade da imprensa que, sem ela, nenhuma outra liberdade subsistiria. O público tem a consciência dessa verdade. E a tem por experiência própria, já que é ele, em última razão, quem a exerce, ainda que, por vezes, motivos pessoais e empresariais a falseiam. Mas não há no mundo instrumentos perfeitos.

# O JÚRI DE IMPRENSA

Em 1967 tramitava, a toque de caixa, no Congresso Nacional, projeto de lei de imprensa originário de um poder executivo extremamente fortalecido pelas normas de exceção resultantes do movimento militar de 1964. O projeto em questão veio a se converter, logo depois, na Lei nº 5.250, de 9 de fevereiro de 1967, ainda hoje em vigor. Rizzini escreveu, nessa época, uma série de artigos a respeito da matéria. O que se segue - Diário de S. Paulo, 7.1.67 - é um deles. Enaltece o júri como órgão de julgamento de crimes de imprensa.

O instituto do juri entrou no Brasil por meio de nossa primeira Lei de Imprensa, em 1822, e manteve-se, depois, em quase todas elas. Somente na vigência da lei de 1923 e nos períodos em que os abusos da imprensa foram submetidos à legislação penal comum - isto é, aos códigos criminais, primeiro, o do império e, depois, o da república - eles não foram julgados pelo juri.

Apesar da longa tradição, entretanto, o juri não conseguiu sobreviver nos artigos da Lei 5.250. Esta remeteu a competência julgadora ao juiz togado.

Conforme acentuei no artigo anterior, intitulado "A nossa primeira lei de imprensa", o instituto do júri introduziu-se no Brasil com ela, em 1822, três meses antes da Independência.

A interferência de juízes de fato na apreciação dos abusos da liberdade de imprensa representa uma das mais antigas e importantes conquistas da democracia na tremenda luta por séculos mantida contra a opressão absolutista. A magistratura foi sempre um ramo do poder único das realezas autocráticas. Se, na generalidade das infrações às leis criminais e civis, é possível confiar no aparelho criado para delas tomar conhecimento, em outras, em que o poder soberano pode estar em causa ou em que circunstâncias incapituláveis, dizendo intimamente com os interesses variáveis e difusos da sociedade, se sobrepõem à rigidez do texto legal, pouca ou nenhuma confiança é de ser depositada no mencionado aparelho.

A conceituação, por exemplo, da injúria ou da difamação, sendo a mesma na definição da lei e no juízo do público, difere quando aplicada a um fato isolado, em função de critérios e de antecedentes que o júri está em condições de livremente considerar e o tribunal togado, adistrito aos termos da lei, é sempre compelido a decidir estritamente. (...)

É por isso que Royer-Collard dizia na França, em 1818, discutindo um projeto de lei de imprensa, que o Poder tem, como os indivíduos, temperamento, costumes, e instintos. O ruído o importuna, a crítica é-lhes odiosa. A liberdade de imprensa, ele a encara como sua figadal inimiga. Deixar portanto ao Poder o direito ou o privilégio, ou ainda e melhor, a regalia, de acusar e julgar, ele mesmo, através de tribunais seus dependentes, a imprensa, por crimes que ele definiu e lançou penas - é positivamente colocar o pensamento escrito ao seu alvedrio e arbítrio retrocedendo a Nação às épocas mais recuadas da sua menoridade.

Quando se diz que a Justiça depende do Executivo, como dele também e mais depende o Legislativo, constata-se um fato que deve ser combatido - desde que haja liberdade de imprensa - mas não pode ser disfarçado.

Outro argumento favorável à permanência do juri nos processos de imprensa reporta-se à natureza dos abusos por ela praticáveis. Na apreciação desses abusos não existe propriamente julgamento. Existe uma espécie de avaliação, de sopesamento, de arbitragem dos fatos incriminados. De caso a caso eles se alteram, oscilam, transmudam-se, de acordo aliás com o meio em que incidem. Há numerosas expressões domésticas e coloquiais que, sendo amáveis e até carinhosas, isoladas num tribunal tisnam-se das cores da injúria grave. (...)

Partindo do princípio de ser tão lesivo à liberdade o excesso no uso quanto o excesso na repressão, capaz este de suprimir o uso - o que verdadeiramente sobreleva na questão não é o texto da lei, mas a sua aplicação segundo os sentimentos e os interesses da sociedade. Ora, só os membros tirados de diversas partes da sociedade estão habilitados a uma tal aplicação.

# A EXCEÇÃO DA VERDADE

*As limitações impostas à exceção da verdade, condenadas por Rizzini neste artigo de 22 de janeiro de 1967, no Diário de S. Paulo, infelizmente foram mantidas no texto da Lei 5.250 de 9 de fevereiro do mesmo ano, até hoje em vigor. De fato, consoante o parágrafo terceiro do artigo 20, dessa lei, que define o crime de calúnia,* "não se admite a prova da verdade contra o Presidente da República, o Presidente do Senado Federal, o Presidente da Câmara dos Deputados, os Ministros do Supremo Tribunal Federal, Chefes de Estado ou de Governo estrangeiro e seus representantes diplomáticos".

Diante de fatos ocorridos na Comissão que examina o projeto de lei de imprensa, é já tempo de se aliviar a carga total de responsabilidade acumulada nos ombros do presidente da República. Era crença geral que essa Comissão não teria ânimo ou coragem de alterar os dispositivos do projeto senão em partes irrelevantes, afetando uma transigência de circunstância, apenas salvaguardadora da sua descrida autoridade. Sucedeu, porém, que a maioria dos seus integrantes, contrariando a geral expectativa, tem apertado e piorado disposições do projeto, lançando a barra além da arbitrária raia demarcada pelo governo.

A exceção da verdade, pela qual o acusado do crime de calúnia e de injúria é admitido a provar a procedência da imputação feita, pertence elementarmente ao direito de defesa. Vem do princípio romano de que "a verdade exclui a injúria".

Diversas considerações ao longo do tempo modificaram essa regra, tendo principalmente em vista a preservação da família e da paz social.

A regra predominante hoje é a de que a prova da verdade é admissível onde se manifesta o interesse público. Admitida é, portanto, quando a vítima da imputação for indivíduo ou corporação no exercício de função pública e o fato imputado se reportara a esse exercício. Também é acolhida se o ofendido a permite ou se foi condenado em definitivo pelo fato imputado.

No tocante à restrição da imputação circunscrever-se ao exercício funcional, observe-se ser grande a divergência de autores. O mau procedimento de um indivíduo fora da sua função pública pode, em muitos casos, nela refletir. "Qual a confiança - pergunta um autor - que pode merecer um funcionário que arraste para a função pública a presunção de desonestidade que é a marca de sua vida privada?"

Sendo o presidente da República um funcionário, precisamente o mais graduado e o de maior responsabilidade da nação, nenhuma razão subsiste para que os crimes que porventura pratique, se denunciados, não possam ser provados. Se a prova decorre da guarda do bem coletivo, e por isso recai nos crimes de todos quantos exercem função pública, como excluir da prova o funcionário colocado em posição de cometer com menor risco o maior dano? Excluir o presidente da norma legal é dar-lhe um "bill" de indenidade que, em condições, das que temos, os brasileiros, amarga experiência, poderá acarretar ao país males irreparáveis. A chamada lei Bernardes, de 1923, isentava da prova da verdade tanto o presidente da República quanto os chefes de nações estrangeiras e seus representantes. Mas, essa lei, única em nossa legislação a adotar semelhante privilégio, está revogada e na História rotulou-se de "lei monstro".

O atual governo reviveu no seu projeto esse dispositivo, tal qual. Vale notar que se ele existisse na lei atual, teria obstado as fundamentadas increpações levantadas à conduta dos presidentes anteriores e impedido a gestação do movimento revolucionário de março.

Era portanto de, não direi esperar, mas desejar que a Comissão da Câmara desse parecer contrário ao dispositivo.

Em lugar de assim proceder, aprovou-o e ampliou-o nele metendo também os presidentes do Senado e da Câmara e os ministros do Supremo Tribunal. Remarcado despropósito. Por que não enfiar no dispositivo também os desembargadores, governadores, prefeitos, presidentes de assembléias e edilidades, cujas funções são essencialmente correspodentes às dos personagens favorecidos? Quando uma exceção em nada se embasa, desce a privilégio. E o privilégio é tanto mais odioso quanto maior é o mal que ele pode causar. Doravante, se um jornalista contar que um dos figurões compreendidos na exceção bateu uma carteira, será irremediavelmente condenado a prisão, talvez oito anos, embora bater carteira seja "fato que a lei qualifica crime" e a carteira pertença ao jornalista.

## UMA FORMA DE CENSURA PRÉVIA

*Este artigo de Rizzini foi publicado no* Diário de S. Paulo *de 26 de janeiro de 1967.*

*O Presidente em questão era o General Castelo Branco e o sistema que prevaleceu na Lei 5.250, afinal, foi o tradicional, o da responsabilidade penal sucessiva.*

O presidente da República resolveu à última hora anuir a certas ponderações e mandar o Congresso rejeitar a emenda do relator da Comissão criando o aleijão da responsabilidade simultaneamente sucessiva e solidária sob a denominação de coautoria.
Como contribuição ao crasso erro cometido pelo referido relator, publico a elucidação abaixo.
No tocante à responsabilidade dos escritos ou ela é solidária ou sucessiva. Quando solidária, a inculpação recai em todos quantos contribuíram para a sua divulgação - o autor, o editor e o dono da tipografia - cabendo ao ofendido escolher quem processar. Quando sucessiva, o ofendido terá de processar em ordem: o impressor, ou o editor, ou o autor ou o vendedor que tiver distribuído o escrito.

Na nossa legislação, que já data de 145 anos, tem prevalecido sempre o sistema da responsabilidade sucessiva, exceto sob o regime do nosso segundo Código Penal, o de 1890, o qual admitiu a responsabilidade solidária.

A lei de 1923 alterou a ordem sucessiva, encabeçando-a com o autor, como é de boa lógica: o autor, o editor, o dono da oficina e os vendedores ou distribuidores. Por outro lado, condicionou a preferência do ofendido às condições de idoneidade dos responsáveis.

A lei vigente, de 1953, assim enumera a cadeia sucessiva: o autor, o diretor, o redator ou redatores-chefes do jornal, quando o autor não puder ser identificado, ou achar-se ausente do país, ou não tiver idoneidade moral ou financeira; o dono da oficina; os gerentes das oficinas; os distribuidores de publicações ilícitas; os vendedores de tais publicações. "Retomou assim - escreve Darcy de Arruda Miranda - com maiores cautelas, o nosso legislador, esse critério razoável na aferição da responsabilidade por delitos de imprensa, refugindo aos moldes rígidos da responsabilidade solidária e fortalecendo, com medidas acertadas, o sistema da responsabilidade sucessiva, partindo do autor do escrito incriminado, como seria curial".

O projeto do governo estudado na Comissão especial manteve o sistema vigente tal qual se inscreve na lei de 1953. Mas, o relator dessa Comissão, obedecendo não se sabe a que absurdo jurídico, decidido a piorar o quanto pudesse o projeto original, como já fizera com o dispositivo referente à prova da verdade, emendou dito projeto, criando dentro da responsabilidade sucessiva, que se encadeia de um a um, a responsabilidade comum a todos. Assim, o diretor do jornal ou o redator-chefe ou o redator da secção em que sair o escrito, é sempre co-autor dele, mesmo sendo assinado e idôneo moral e financeiramente o verdadeiro autor.

Esse dislate, afinal repudiado, implicaria submeter os colaboradores dos jornais à censura dos diretores e redatores especificados os seus escritos, o que equivaleria a lhes cercear a liberdade de pensamento. Eis como seria possível criar-se, sob o regime constitucional da liberdade de imprimir, uma forma de censura prévia.

Um senador, indignado com semelhante pedrada à consciência jurídica do país, classificou-a de infâmia contra a imprensa. É o que é. Acabou não sendo.

## LEIS EMBAINHADAS

*Este artigo é premonitório. Publicado em 25 de maio de 1968 (*Diário de S. Paulo*), nele Rizzini externa o temor de que possa sobrevir a ditadura. E veio, em 13 de dezembro do mesmo ano, sob a forma do Ato Institucional nº 5. Foi com base nele que se instalou, de vez e firmemente, a censura.*
*O AI-5 foi, pois, a principal* "lei embainhada".

Juntamente com Vasco Lima, Carlos Drumond de Andrade, Elsie Lessa, Raimundo Magalhães, Luís Peixoto, Raul Floriano, Nestor Leite, José Maria Scassa, Mário Martins e Murilo de Melo Filho, fui honrado pela Ordem dos Velhos Jornalistas com a medalha de mérito jornalístico de 1967. Pela relação, verá o leitor que, se a Ordem é nominalmente de velhos profissionais da pena, os agraciados, nem nominalmente e nem por hipótese, são todos idosos ou antigos.

Coube-me a distinção de em nome deles pronunciar o discurso de agradecimento.

Em breves palavras relembrei um passado de quarenta anos, estabelecendo as modificações que o foram marcando e tanto diferenciam os seus extremos. Notável sem dúvida a evolução da nossa imprensa nesse dilatado espaço de tempo. É preciso tê-lo vivido para a avaliar.

A única constante do longo trajeto foram as condições do exercício da profissão, aliás tradicionalmente continuadas desde 1821, quando Pedro I, então regente, libertou a manifestação do pensamento de trissecular cativeiro.

Os únicos ocasos da liberdade de imprensa ocorreram na república, após 67 anos de democrática e tranqüila monarquia, nas ridículas tentativas de afirmação do poder pessoal. A nação opôs-lhes resistência pertinaz, restabelecendo sempre o predomínio da mais sofrida, trabalhada e consequente das conquistas da civilização.

Ocorreram, porém, em fases de reação, e às claras, através de restrições definidas ou de despejada imposição da censura prévia. Passados os momentos de arrocho, crespamente abusivos, a ação ponderada da justiça embotava a "legislação" iníqua, compelindo o próprio governo ou o seu sucessor a inumá-la.

E agora? As condições atuais serão as mesmas de 1821? Aparentemente sim. Na realidade não.

A liberdade vive, mas não protege o jornalista senão na medida em que os detentores do poder conservam, adormecidas no estojo, na caixa, na bainha, leis novas, que eles mandaram aprovar, e que, oportunamente acordadas, extinguiriam a luz da liberdade como um sopro extingue a chama de uma vela.

Existe a liberdade (ninguém a revogou), uma liberdade tímida e cautelosa, amedrontada, tutelada, que o governo, abrindo estojo, porá "legalmente" em retiro, na prateleira das coisas inativas, ao lado da soberania do Congresso, da autonomia dos Estados e do princípio federativo.

Do mesmo tipo de inspeção geral das milícias estaduais, da polícia federal, do sistema nacional de tributos, da eleição indireta e do partido único - providências aniquiladoras da integridade das unidades administrativas e políticas da república - as leis embainhadas desfiguram o regime, amolecem-no, rompem um perigoso caminho em cujo termo senta-se, sinistra, a torpe figura do discricionarismo.

Admite-se sinceramente não cogitar o presente governo de se aproveitar das leis ostensivas e encobertas para se arvorar em governo ditatorial.

Tão simpática esperança não serena o país. As leis de uma república não podem conduzir à sua supressão ainda que os autores delas, leis, a tanto não visem. E se não miram a ditadura, que miram no progressivo encurtamento das franquias públicas e avassalamento das prerrogativas dos Estados?

## O RESCRITO

*Apesar dos protestos aqui emitidos, os ministros da Marinha, do Exército e da Aeronáutica, que já haviam engolfado os poderes presidenciais, acabaram por editar a chamada Emenda Constitucional n° 1, de 17 de outubro de 1969, com a qual reescreveram o texto constitucional de 1967.*
*O artigo é de 19 de agosto de 1969 e estampado no* Diário de S. Paulo. *Foi o último escrito por Carlos Rizzini relacionado com a liberdade de imprensa.*

Na integração da liberdade de imprensa, a parte mais tardiamente conquistada, graças à tremenda resistência oposta, foi a da publicação dos trabalhos legislativos. Na própria Inglaterra, matriz das franquias democráticas, entre o reconhecimento da livre divulgação do pensamento escrito e o da livre divulgação dos debates das casas legislativas, mediaram cento e setenta anos. O primeiro data de 1695 e o segundo de 1861. E o Parlamento só se rendeu às luzes da publicidade após o episódio turbulento centralizado por um seu deputado, John Wilkes. Na França, onde a liberdade, raiada com a Revolução, não se firmou senão em 1881, a publicação dos debates sofreu numerosos eclipses, dos quais o mais demorado foi o do período de Napoleão III.

No Brasil não lutamos pela conquista da liberdade de imprensa. Recebemo-la de Pedro I, ainda regente. Temos, sim, lutado para recuperá-la nas muitas tentativas de cassá-la empreendidas por governos republicanos.

Tais cassações periódicas incidiram sempre sobre a externação da idéia, do pensamento, da opinião; nunca dos trabalhos das câmaras legislativas.

Tem, pois, todo cabimento, estranhar-se que o atual governo da República, que traz na sua fachada uma tão larga tabuleta democrática, por muitos atos e propósitos justificada, insista e leve a cabo legislar a mais importante das leis, a Constituição, entre paredes, envolvendo-lhe os debates, atribuídos a mudas comissões, em ramas de algodão a prova de som.

Retirada a um Congresso cujos anseios de reviver enchem o País de pesar e desgosto, a Constituição só poderia legitimamente emergir do exame, da discussão e do consenso das entidades e associações representativas da cultura e dos interesses da Nação; jamais de comitês palacianos e da aprovação de conselhos não afeitos aos estudos de matéria tão especializada.

Não se preocupa o governo incessantemente com a técnica, a capacidade peculiar, o conhecimento, o "know-how"? Não é esse o traço singular dos nossos dias? Como desprezá-lo no concernente à feitura do mais relevante, do mais elevado, do mais poderoso instrumento de ação política e administrativa, que é a Constituição do País?

Há poucos anos tivemos uma Carta talhada pelo rústico figurino agora repetido. Sabe-se qual o seu melancólico epílogo.

Uma Constituição elaborada à encosta da opinião pública esclarecida, manifestada através das suas entidades de classe, e dos seus institutos apropriados, dificilmente será algo mais do que um édito, um rescrito, uma provisão de circunstância, sem lugar na legislação, e votada à substituição, tão logo cessem os motivos transitórios que a ditaram.

# SUMÁRIO

## PREFÁCIO

A RESPEITO DESTE LIVRO E DA VIDA DE
CARLOS RIZZINI..................................................................................9

RESUMO BIOGRÁFICO.....................................................................25

## LIBERDADE DE IMPRENSA

POR UMA LIBERDADE DE IMPRENSA RACIONAL,
RESPONSÁVEL E PROTEGIDA..........................................................29

MOÇÃO À CONFERÊNCIA DA ASSOCIAÇÃO
INTERAMERICANA DE IMPRENSA...................................................46

AS ARMAS SECRETAS CONTRA
A LIBERDADE DE PENSAMENTO....................................................49

LIBERDADE PARA O RÁDIO............................................................52

O ÚLTIMO QUILÔMETRO DO TÚNEL..............................................54

UMA COISA ABSURDA.....................................................................56

A AUTÓPSIA DO ESTADO NOVO....................................................58

QUARENTA DIAS DE LIBERDADE...................................................60

A BOM ENTENDEDOR.....................................................................63

| | |
|---|---|
| LUZ NO CAMINHO | 64 |
| EPISÓDIO JÁ VELHO | 67 |
| A INDECÊNCIA | 69 |
| TODOS FOGEM À CULPA | 71 |
| ALGUNS PONTOS DA QUESTÃO | 72 |
| CASO DE CENSURA PRÉVIA | 74 |
| MARCHA (TÍMIDA) À RÉ | 76 |
| OS EFÊMEROS TIMONEIROS | 77 |
| O GOVERNO E A CRÍTICA | 79 |
| LISBOA, PARIS E SANTOS | 81 |
| NÃO CALHA | 82 |
| MOENDA DE ULTRAJES | 83 |
| BANCA E MESA | 85 |
| EXPULSÃO DOS VENDILHÕES | 87 |
| INSTRUMENTO PÚBLICO | 89 |
| O JURI DE IMPRENSA | 91 |
| A EXCEÇÃO DA VERDADE | 93 |
| UMA FORMA DE CENSURA PRÉVIA | 95 |
| LEIS EMBAINHADAS | 97 |
| O RESCRITO | 99 |

Este livro foi impresso na
LIS GRÁFICA E EDITORA LTDA.
Rua Felicio Antonio Alves, 370 – Jd. Triunfo – Bonsucesso
CEP 07175-450 – Guarulhos – SP – Fone. (011) 6436-1000
Fax.: (011) 6436-1538 – E-Mail: lisgraf@uninet.com.br